青椒计划探索中国乡村教师成长的创新实践

整合、陪伴、激励的力量

汤敏　朱旭东　吴虹　主编

华东师范大学出版社

·上海·

图书在版编目（CIP）数据

整合、陪伴、激励的力量：青椒计划探索中国乡村教师成长的创新实践 / 汤敏主编.
—上海：华东师范大学出版社，2022
ISBN 978-7-5760-2978-9

Ⅰ.①整…　Ⅱ.①汤…　Ⅲ.①农村学校—师资培养—研究—中国　Ⅳ.① G635.12

中国版本图书馆 CIP 数据核字（2022）第 114118 号

整合、陪伴、激励的力量
——青椒计划探索中国乡村教师成长的创新实践

主　　编	汤敏　朱旭东　吴虹
责任编辑	顾晓清
审读编辑	王婧华　赵万芬
责任校对	刘伟敏　时东明
版式设计	李霄逸
装帧设计	刘怡霖
出版发行	华东师范大学出版社
社　　址	上海市中山北路 3663 号　邮编　200062
网　　址	www.ecnupress.com.cn
客服电话	021—62865537
网　　店	http://hdsdcbs.tmall.com/
印 刷 者	上海昌鑫龙印务有限公司
开　　本	787×1092　16 开
印　　张	11
字　　数	187 千字
版　　次	2022 年 7 月第 1 版
印　　次	2022 年 7 月第 1 次
书　　号	ISBN 978-7-5760-2978-9
定　　价	98.00 元
出 版 人	王焰

（如发现本版图书有印订质量问题，请寄回本社调换或电话 021—62865537 联系）

目录

前　言

赋能乡村教师，为中华民族伟大复兴储备人才　1
青椒计划，助力新生代教师素养　4

第一章　青椒计划——集合影响力，成就新公益

第一节　项目简介　1
第二节　项目运营　2
第三节　项目创新　3

第二章　互联网时代，如何助力和陪伴乡村教师成长

第一节　专家说　5

　集合起来干大事
　　——青椒计划如何打造集合影响力　5
　互联网时代乡村青年教师专业能力培训新模式
　　——以青椒计划为例　10

激活乡村教师社群化学习的力量

——基于"互联网+"的乡村教师成长新模式探索 15

从人力资本研究角度分析青椒计划对于青年教师成长的意义 29

第二节 秘书处伙伴说 34

青椒计划秘书处在推进集合影响力项目时面临的挑战及应对 34

凝研究之力 聚协作之果

——谈青椒计划中专业团队建设路径 43

第三节 合作伙伴们说 47

以清华优质教育资源助力乡村教育扶贫 47

AI课程帮助乡村学生重燃学习兴趣 50

愿做"青椒"坚定的后盾 56

专注于赋能教师的学科培训 59

聚焦孩子健康成长，让每个乡村教师都能教好体育课 61

有光的未来

——致乡村特岗艺术教师的一封信 63

关注乡村儿童营养健康，用爱心绽放每个未来 65

第三章 "青椒"成长全记录

我在路上，衣袂飘荡，长发飞扬 68

待到山花烂漫时，她在丛中笑 70

"小狮子"成长记

——有梦想谁都了不起 73

田埂花开 77

能坚持，真的很酷！

——我和"青椒"的故事 80

"青椒"予我，皆为美好！ 82

从"青椒"到"红椒"的美丽蜕变 87

一生秉烛铸民魂
　　——参加青椒计划有感　89
青椒计划助我点亮孩子们的心灯　92
与"青椒"同行，扎根乡村教育事业　95
"青椒"陪我长大，我陪"青椒"壮大　100
青椒计划带我创造美好未来　102
一日为"椒"，终身为教
　　——乡村青年教师成长新路径　104

第四章　资源整合，激励成长

第一节　相关领导指导　107
　在2020—2021特岗青椒计划启动仪式暨2020—2021年度学员开学典礼上的讲话　107

第二节　优秀地方合作伙伴　110
　推进青椒计划，促进教育均衡　110
　统筹合力推进网络扶智，精准帮扶助力乡村振兴
　　——吉林省网络扶智工程攻坚行动　114
　唤醒乡村新教师，成就未来好老师
　　——青椒计划三周年记　120

第三节　专业助力项目评估情况（央财简要版）　123
　青椒计划评估报告
　　——关于乡村青年教师培训计划的评估　123

附录1　青椒计划三届覆盖县域名单　139

附录2　青椒计划三届课程安排情况　141

附录3　青椒计划2017—2020年大事记　157

附录4　乡村教育社会支持公益联合行动倡议书　160

附录5　青椒计划项目影响力　161

前言

赋能乡村教师，为中华民族伟大复兴储备人才

国务院参事、友成基金会副理事长、青椒计划发起人 汤敏

对教师工作，习近平总书记曾深情地说："三寸粉笔，三尺讲台系国运；一颗丹心，一生秉烛铸民魂。"教育影响着民族复兴和国家崛起，有高质量的教师，才会有高质量的教育。

近年来，我们欣喜地看到，作为政府部门的补充，社会公益组织的创新力量正在主动汇入教育脱贫攻坚衔接乡村教育振兴的时代潮流，在乡村教师的培训上做了大量的工作。政府、社会、学界和企业跨部门合作，协力解决教育领域的系统性社会问题。

事实上，对于教育不公的历史难题，我们较早开始了在互联网背景下"双师教育"模式的小规模试验。从2013年起，我们与人大附中校长刘彭芝就利用互联网技术，将人大附中的优秀教师与当地的乡村老师进行远程配对，通过这种"双师教学"的模式把人大附中的一门数学课上到了全国20个省的近200个乡村学校中。我们发现，通过线上线下的结合，学生的学习成绩大大提高，学习态度、学习兴趣、精神面貌也有了很大改变。更有意义的是，我们发现参与试验的乡村老师受益更大。现在，很多地方都把市里、县里和乡镇里优秀老师的课程通过互联网送到农村学校去，以提高当地的教学水平。

从 2017 年起，我们开始了新的尝试，即青椒计划，它的全称是"乡村青年教师社会支持公益计划"。我们联合了北京师范大学（后文简称"北师大"）、沪江互加计划、深圳三三得玖公司、湖南长沙巨景公司、长沙江湾科技公司、蒙牛集团、上汽集团凯迪拉克品牌、北大国发院 EMBA 戈友会、洋葱数学、慕华成志教育科技公司、情系远山基金会、上海和煦信息科技有限公司、险峰基金会、仁德基金会、中国小微企业联盟协会、南京行知基地、爱学习集团、京师佳禾、子与时教育、松下公司等企业和 NGO 组织。乡村教师们在手机或电脑上参加"青椒"培训。培训课程包括以北师大为首的一批优秀教育专家提供的专业课程和由公益机构组织提供的师德课程。我们还找了很多长期在乡村学校工作的优秀教师"现身说法"，讲自己的心路历程，让乡村青年教师明白自己工作的意义所在。让乡村青年教师留得住、教得好是青椒计划教师培训中非常重要的内容。

除此之外，我们还把各种各样的教学资源输送到农村学校中去。例如由清华大学慕华成志公司开发的卡通式课程，从小学一年级到初中三年级，每节课都被做成卡通式的。现在包括洋葱数学在内的很多学校都用这种方式来上课，农村的老师可以减少负担，同时又保证乡村的孩子能学到最高效的课程。

从 2020 年起，在教育部教师工作司的指导下，我们把培训的重点放到了新入校的特岗教师上，积极为他们赋能，迭代为特岗青椒计划。特岗青椒计划正在向更多乡村地区扩展，赋能更多的青年特岗教师，努力造就一批新时代"下得去、留得住、教得好"的乡村骨干教师，进而发挥示范引领作用，辐射带动乡村教师队伍整体素质提升，推进乡村教育事业持续健康发展。

我认为，青椒计划的成功主要有以下三个方面的原因：

其一，青椒计划针对乡村教育中教师"下不去、留不住、教不好"中"教不好"的痛点问题，探索并提供解决方案，靶向非常准确，抓住了乡村教育振兴的关键。

其二，青椒计划利用互联网时代的科技条件，探索出了"集合影响力"的创新模式，应用互联网平台，将针对乡村的优质课程、优秀教学案例、重要案例和经验分享提供给全国各地的老师们，真正做到了共享资源。通过大规模的线上培训、优化项目的实施路径，有效提升了乡村教师专业、师德等各方面的能力素质，实现了大规模、系统性、低成本、可复制的培训模式。这有助于乡村教师更便捷地学习，更有成长的动力。

其三，青椒计划在设计和实施中注重"以人为本"。它不仅提供培训，而且提供陪伴，探索出"大规模社群学习"的方式，把我国乡村教师联合成一个整体，彼此陪伴、相互促进，既提升了学习效率，又在心理上、精神上为乡村教师提供了有力的支持，让他们安心从教、热心从教，稳固了我国乡村教师队伍。

落实习近平总书记关于教育的重要论述和对乡村教师队伍建设的重要指示精神，努力培养造就一支高素质乡村教师队伍，是教育领域的重大时代课题。在新时代教育改革的大潮中，我们将与广大乡村青年教师一起，通过青椒计划这个公益平台，帮助乡村教师提升自我，在平凡的岗位上，创造出不平凡的业绩，用知识和美德的火种，点亮中国乡村下一代的心灵，努力为我国的乡村振兴和中华民族的伟大复兴储备人才。

青椒计划，助力新生代教师素养

北京师范大学教育学部　郑新蓉

教师素养，是保证教育事业的核心要素。"素养"在我们看来，就是教师"教书育人"的功夫和情怀。教师的素养，一是与职前职后的专业训练是否扎实全面有关，二是与各级政府和学校善待教师的相关政策和环境有关，三是与教师本人对教师职业的认同有关。职业的素养一直是与职业的社会声望与回报相关联的。

一、当代我国乡村教师群像

目前，在一线工作的乡村教师从年龄和身份看，主要有三个群体：20 世纪 70 年代末 80 年代初入职的民办教师，这些教师后来逐渐转为公办，人数在逐渐减少；20 世纪八九十年代的中师毕业生，他们大多数是农村教育的领导者和骨干；人数最多的是近十年大量招收的 80 后、90 后新生代教师，他们是乡村教育的主体力量。

占主体地位的乡村新教师，是在中国社会急剧变革的时代下出生和成长起来的、带有时代变革特征的青年一代。他们是高等教育大众化，即高校扩招的受益者，同时因为求学于大中城市，也是城市生活的经历者，相对于上一代在县城或地市中师毕业的乡村教师，他们的城市生活经验要丰富得多；同时，他们是在充裕的社会物质生活、市场经济、消费文化的熏染中成长起来的；再次，他们是第一代受益于互联网的青年大学生，通过互联网连接的世界与他们父辈和前几代乡村教师都是不一样的，明显优于以往的乡村教师。

这一代乡村教师是第一代完成离土、离乡、离（农）户的乡村教师，他们也是在农村劳动力持续外流、乡村凋敝的背景下返回乡村的。他们在城市和乡村的夹缝中，在兼顾自我和家庭、陪伴和培养、个体和群体、传统乡绅使命和专业规训的矛盾与冲突中完成对自我、乡村教育以及乡村社会的更新。

年轻的教师都有"教师梦""教育梦"，他们自身是通过严格的教育竞争后走上教师岗位的。当教师，虽然都是"自愿选择"的职业，但是，很多乡村青年教师在"留任"和"流动"中的平衡和选择是艰难的，他们的心态是复杂的。

我们在调查中发现，尽管青年教师普遍认为乡村教师的社会地位不高，他们却留在这个岗位上，并动员亲戚和好友报考乡村教师；他们认为自己对教师职业是能胜任的、是自信的、是非常受孩子们喜欢的。

二、乡村教师面临的挑战

今天的乡村教师，特别是在中西部边远贫困地区工作的教师，他们肩负着的特殊使命，他们面对的乡村学校和孩子们特殊的生存和发展环境，使得教师的"教育素养"更具深意，更具挑战性：

——面对新一代农村孩子，很多教师感叹：在教学过程中，学生地位越来越高，教师地位越来越低；"老师真的难做人，不管要负责，管了也要负责，左右为难，还有好多舆论针对老师"；面对孤独儿童的心理疏导，一些孩子心灵脆弱，也很敏感，老师连"批评教育"都要小心翼翼。

——面对留守儿童，面对缺少成年人榜样的村落，乡村教师是很辛苦的，当学生的老师，还当学生的父母。教师自身就是孩子们的榜样，为孩子的成人、成才负重前行。

——面对寄宿制带来的对学生日常生活照顾和教育的工作，乡村教师夜以继日地工作，很多时候要全权代表父母和家人的角色。

——面对学业困难的儿童群体，很难找到合适办法调动他们的学习积极性。面对特别调皮的学生，比如，通过控辍保学劝返回来的学生，对于如何教好他们，老师们也常常手足无措。

——面对母语不是通用汉语的少数民族学生，要教会孩子通用语言文字和普通话。

——面对乡村音体美等学科教师短缺的现状，新教师可能要兼任很多不熟悉的课程，成为"一专多能"的教师。

——面对手机流量贵或信号不良的大山，在疫情期间，我们已经看出互联网资源城乡不均衡的现实，远程教育既挑战中老年教师习得新知识和新技术的能力，也挑战新生代教师的钱包和流量。

——面对农村孩子不熟悉的农村，新一代教师自己也可能不熟悉乡村，但是他们还要担负起培养乡村振兴新一代的重担。

以上方方面面的挑战，都是今天新一代乡村教师新的教育"素养"生长的新土壤，也是坚硬的夹缝。因此，通过互联网培训，理论联系实际，走进乡村、走进教师和孩子真实的生活，应该是最好的路径。

三、在乡村振兴中提升乡村教师素养

如果说通过教育帮助农家孩子改变命运"跳农门",是过去很长一段时期乡村教育发展的动力,那么在新时期,为农家孩子打破教育和社会发展的"天花板",获得充分发展,为振兴乡村、促进本土经济和社会发展培养人才,应该是激发乡村教育的新动力。为此,乡村教师立足于培养社会主义新型劳动者和建设者,突破专业视野,加强学校与乡村的联结,提升关怀和建设乡村社会活力,都将为乡村教师带来全新的发展生机,这是乡村教师素养提升的核心。

很长一段时间,我们容易从一般教师素养谈及乡村教师,谈个体学历和专业素养多,谈教师队伍整体素养成效和教育活力少。新生代乡村教师如何摆脱抽象教师素养的概念和标准,活用自己的人生经验和乡村资源,一专多能,急用先学,活学活用,习得"全科本领""复式教学",发展多方面的本事和技能,这些将是乡村教师为孩子撑起发展空间的独特而美丽的教育"素养"。

在我国农村地区,特别是中西部边远贫困的地区,乡村教师的素养,通常表现为教育政策形象的画面:下得去、留得住、教得好,这是国家和殷切的家长对教师的期待。绝大多数乡村教师是为乡村振兴和教育事业而来。如果广大的乡村,绝大多数教师都具有"四有好老师"品行,都能够"下得去、留得住、教得好",那么农村教育事业的兴旺和乡村振兴就有了最好的保障。

乡村教师队伍的素养提升,是一个"两条腿走路"工程。一方面需要大幅度改善乡村教师的生活和工作条件,提高待遇,保障有志并且优秀的教师留得住;另一方面需要激发教师的教育和社会活力,振兴乡村教育的公共性,从乡村教育的症结和困难着手,关注和瞄准乡村教师必需的情怀、理想、仁爱、多方面的扎实的知识和能力。乡村教育一定会培养出全新的一代,成为乡村振兴战略的有机组成部分,成为教育活力再现的重要抓手。

致敬,新一代乡村教师!教育的希望在他们手中!

第一章 青椒计划——集合影响力，成就新公益

第一节 项目简介

"乡村青年教师社会支持公益计划"简称"青椒计划"，是友成企业家扶贫基金会、北师大和沪江互加计划于 2017 年 9 月在教育部教师工作司的指导下，联合发起的教育创新公益项目。

青椒计划动员了国内 30 余家高校、社会组织、爱心企业共同参与，以"新木桶理论"为指导，以互联网为手段，以偏远贫困地区的青年教师、特岗教师为服务对象，以专业课程、师德课程、分科课程为基础，为入职 1—3 年的乡村青年教师提供为期一年的系统性培训，助力实现乡村青年教师"下得去、留得住、教得好"。

图 1-1　2017 年 6 月 28 日多家公益组织和机构代表齐聚教育部教师工作司召开项目讨论会

第二节 项目运营

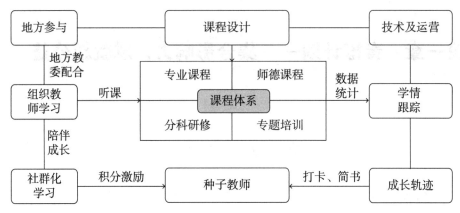

图1-2 项目运营管理流程图

青椒计划由北师大教育学部负责课程设计以及专业课程、师德课程两大模块的教学工作,通过互联网直播的方式,每周向乡村教师输送最优质的培训课程;项目还通过整合社会顶级教育机构的团队与课程资源,为特岗乡村教师提供全年度的分学科教学法培训。乡村教师将获得约400节课时的全年持续学习资源,享受为乡村教师定制的高品质、系统性的成长课程,有方法、有目标地度过入职后的第一年。参训教师使用手机或电脑即可参与全流程项目学习,不受时间和空间的限制;教师不需要脱离工作岗位,跨越千里到外地集中进修,而是在家里或办公室完成自我提升。乡村青椒计划通过与各大教育企业或组织的合作,用公益教育资源助力乡村青年教师,弥补他们因为非师范毕业、经验不足、跨学科教学等原因产生的专业短板,将最前沿的优质课程资源递送下乡。

第三节　项目创新

一、理论模式应用创新

青椒计划借鉴了国际著名的"集合影响力"理论框架，应用"新木桶理论"的技术，试图打造一个具有中国特色的网络教师培训应用模型。秘书处利用项目组管理团队各个核心机构的能力与优质资源，搭建一个公益组织主导的，政府、学术机构、企业资源参与并共同协作的平台。

二、师训课程模式创新

从原来的定时、定点、定人、定编的教学模式，转变为现在随时、随地、任何人、任何课程的中国师训 MOOC 模式。乡村教师在过去一年的每周三与周六，使用 CCtalk 在线学习课程，这个课程在任何时候都可以重复观看。乡村教师可以在家里、学校、外出途中等任意地点的任何时间观看这些课程。而且，不仅报名的老师可以观看，任何想学习这个课程的老师都可以观看。这是一门由北师大等高校的知名专家教授、全国各地乡村教育专家与一线优秀教师们组成的专业授课团队，专门提供给乡村教师的定制网络专业课程。

从原来的只培训教学教法相关课程，转变为融合教育理念、未来教育、艺术教育、科学教育、活动组织、学校成长案例等 200 多节可供选择课程的综合项目。在这些课程中，老师们开拓了视野、激荡了心灵、增长了才干，看到了自己教学的多种可能，大大激发了乡村教师的参与热情。

三、社群共建活动创新

与传统被动式的教育支持项目不同，青椒计划是有生命的、主动的、积极的、用生命影响生命的教师成长培训项目。它通过互联网社群化学习模式，打造了一个可复制与持续造血的乡村教师共建共生的项目培训模式。项目全年共开展 10 多次大规模的社群活动，包括"九宫格生命故事""感恩蓝丝带""气球宝贝""开启行动力"等多彩的活动，提供各种师生共创的自我成长机会，使乡村青年教师们积极地从被动学习转变为主动参与，从等待机会到乐于分享。秘书处从各种活动简报、社交媒体（微信、简书、美篇）、各地学校的教学反馈中了解到，参与青椒计划的乡村教师们皆发生了巨大的变化。

四、社会激励机制创新

青椒计划的激励模式有别于以往的纯粹的奖励机制。

（一）以训代奖

2018年7月15日至7月21日，青椒计划秘书处与北师大共同组织100名优秀学员到北师大参加暑期研训营。此激励机制是希望能给青椒计划的优秀教师们一个面对面接触讲师的机会；更希望学员们能有机会在一年多的密集学习后，有展示自己的机会，有与其他优秀乡村教师交流的机会；也期待能借此活动，使优秀教师们充满希望，成为乡村教育的种子与力量。

（二）以奖促训

2018年9月，由友成企业家扶贫基金会与沪江网联合凯迪拉克，共同发起助力乡村教师成长的公益项目小狮子计划。项目通过众筹和定向捐赠为乡村教师募集奖励金，激励积极参加青椒计划与美丽乡村公益课程的乡村教师们。此项目的奖励机制提供优秀乡村教师优异奖奖励400名，每位将获得教师奖金10000元与奖励证明；优秀乡村教师鼓励奖奖励1000名，每位将获得教师奖金3000元与奖励证明。小狮子计划希望能通过创新的激励模式，促使青椒计划优秀教师们成为各地乡村教育的金种子，点亮更多的乡村学校老师和学生。

五、教育扶贫模式创新

青椒计划是目前全球最大的互联网教育学习的乡村教师培训模式，是进行乡村教育扶贫的重要尝试。项目在第一年即覆盖了全国21个省、70个贫困县、4439个学校、34079名教师，覆盖了300万以上的乡村贫困学生。项目持续积极探索低成本、大规模、可持续、可复制的教育扶智新模式。青椒计划不仅为乡村教师带去教育教学先进理念，还希望把优秀青年教师培养成金种子，通过他们的榜样示范作用，带动更多乡村青年教师加入教育扶贫事业。项目为中国2020年实现全面脱贫贡献了力量，并正在为未来中国进行更宏伟的乡村振兴计划培养更多乡村教育优秀后备人才。

第二章　互联网时代，如何助力和陪伴乡村教师成长

第一节　专家说

集合起来干大事

——青椒计划如何打造集合影响力

国务院参事、友成基金会副理事长、青椒计划发起人　汤敏

"发展教育脱贫一批"是教育的重大任务，"阻断贫困代际传递"是教育的重要使命。习近平总书记在给"国培计划"北师大贵州研修班全体参训教师回信时指出："到2020年全面建成小康社会，最艰巨的任务在贫困地区，我们必须补上这个短板。扶贫必扶智。让贫困地区的孩子们接受良好教育，是扶贫开发的重要任务，也是阻断贫困代际传递的重要途径。"近年来，我们一直在推动乡村教育的发展，特别是推动了大规模、低成本、高效率的面向乡村青年教师的青椒计划。

一、青椒计划：互联网时代的社会创新

数字鸿沟、知识鸿沟、技术鸿沟都源于教育鸿沟。要让互联网填平教育鸿沟，就需要一场变革，需要让教学内容、教学模式适应信息化社会快速发展的需求，需要在资源的分布上向农村地区、贫困地区、薄弱学校倾斜。其中教师是促进教育公平的关键力量。实现教育公平，一方面需要党和国家政策的大力支持，形成教育公

平的制度环境，促进教育公平公正；另一方面，需要全面提高教师综合素质，为实现教育公平奠定基础。为此，国家实施了一系列"国培计划""省培计划"等各级别、各层次的培训项目，全面提高教师队伍的整体素质。

友成企业家扶贫基金会作为公益机构，在教育质量的均等化问题上也做了很多工作。我们的互联网教育扶贫是从"双师教学"项目开始的。从2013年起，我们与人大附中的刘彭芝校长通过互联网，把人大附中的一门数学课上到了全国20个省的近200个乡村学校中。经过我们多年实地调研发现，在西部教学实践中，不能完全靠线上方式教学，一定是线上跟线下相结合，一位远程的优秀教师跟一位当地的老师配合进行的"双师教学"模式。

"双师教学"取得了显著的成效。根据中央财经大学团队对这一项目三年的追踪评估，初中进校时试验班和控制对比班的考试成绩几乎完全一样，三年后的中考成绩试验班比控制班平均整整高出了二十分。学生们除了学习成绩大大提高，更重要的是学习态度、学习兴趣、精神面貌都有了很大的改变。

更有意义的是，我们发现参与试验的乡村老师受益更大。"双师教学"的培训模式像师傅带徒弟那样，课课示范、天天培训，"传帮带"贯穿整个学年的教学全过程。这对乡村教师而言是进行了一次全程教学方法的言传身教的培训。很多参与两三年双师教学试验的农村老师学到了好的教学方法，完善了教育理念，成为当地的优秀教师。经过了三年的试验，这种模式正在全国推广。

为了进一步推动用教育信息化来促进教育公平，2017年我们又开始启动了一个"乡村青年教师社会支持公益计划"，即"青椒计划"，"青椒"即"青教"的谐音。青椒计划是动员与整合社会力量，通过"互联网+"方式，联结优质的师资培训和课程资源，探索大规模、低成本、可持续的助力乡村教师发展的新路径、新公益、新模式。在国家教育部的支持下，从2017年9月起，连续三年，我们在每周三与周六晚上，为全国20个省的8678所学校的5万多名乡村青年教师上两次课，这些乡村青年教师们通过手机或电脑参加"青椒"培训。课程包括由北师大、华东师范大学（后文简称"华东师大"）等机构组织最优秀的教育专家提供的专业课程，以及由公益机构组织提供的师德课程。

关于青椒计划的详细情况，在本书各章中已经有所介绍，这里就不赘述。值得特别注意的是，2020年突如其来的新冠肺炎疫情对教育信息化是巨大的考验。仓促应对"停课不停学"，对乡村学校来说挑战特别大。我们非常高兴地看到，经过青椒计划培训的老师，大部分成了乡村学校在"停课不停学"中的骨干教师。

举一个例子，我们的一个"青椒"学员是贵州省息烽县石硐镇木杉小学的教师。这是个典型的乡村小规模学校，原来有200多个学生。由于城镇化的快速推进，现在连100个学生都不到。该校徐萍老师认真参与了青椒计划。在这次疫情的"停课不停学"中，她用了在学习中掌握的清华大学爱学堂公司开发的卡通式的课程，让学生在家学习，老师远程辅导。不到一个月时间，三年级学生就把一个学期的数学课学完了。后来学校复课后，她还试验了混班教学。三年级和四年级的同学一起上课，互相讨论，有不懂的问题由懂的学生来讲，都不懂时老师才介入，真正地把课堂还给学生。

徐萍老师的经验可以证明，即使在条件比较差的贫困地区学校中，如果通过互联网把好的教学资源送下去，村小教学点的学生也能够学好。徐萍老师的故事让我们看到了乡村学校未来发展的希望和方向，线上线下相结合的模式能让乡村学校更上一层楼。

二、公益机构：加入"新木桶"，才能干大事

据统计，中国超过40%的公益组织都在为教育助力，却没有达到理想的效果。究其原因，主要是过去各个公益组织都是在"单打独斗"。公益组织要想为教育提供更多的帮助，就需要以一种新的模式来发展，我们把这种模式称之为"新木桶理论"。过去的"木桶理论"指的是一个组织的最短板决定了这个组织的能力上限，而"新木桶理论"则是拿出每一个公益组织最突出的强项，大家共同合作，这样就能够为中国的教育事业贡献更大的力量。要想实施好"新木桶理论"，就需要各个公益组织通过跨界合作，充分发挥自身的"长板"优势，以一个共同的目标和评估方式通力合作，共商共议。

青椒计划就是公益"新木桶理论"的一个社会实践。

在青椒计划中，我们动员了包括沪江网、洋葱数学、爱学堂、三三得玖、上汽集团凯迪拉克品牌等一批爱心企业；北师大、21世纪教育研究院等一批学术机构；以及中国慈善联合会、友成基金会、西部阳光、弘慧基金会等20多个机构跨界整合资源，每个机构充分发挥自己的"长板"作用，有钱出钱、有力出力、有资源出资源，为广大乡村教师提供专业、前沿、可持续的专业培训，开创了乡村教师大规模社群化学习的先河。在市场中，我国有很多互联网教育企业研发了非常好的教育

产品，但是没有办法输送到贫困地区。通过与公益组织合作，他们以捐赠的方式把产品输送到贫困地区，为贫困地区的学校提供了许多创新的学习模式。青椒计划让许多像新疆和田、喀什这种偏远的贫困地区学校的教学得以顺利开展，让教师得到更好的培训。

在新一届的特岗青椒项目中，中国光华科技基金会加盟青椒教师培训计划，更多的机构和企业也参与了对乡村教师的公益培训计划，同时，把他们的优质教育资源，包括课程资源、素质教育资源、人工智能的教育资源等，都向贫困地区的教师免费提供。

这就是"新木桶理论"的力量。中国需要，也有可能形成更多的这种公益"新木桶"来解决大量的社会发展"不充分、不均衡"的问题。有了这些"新木桶"，公益人就可以逐渐走出碎片化的运作模式，成为主流社会的一部分；有了这些"新木桶"，公益机构就可以参与解决一些重大的社会问题，而不仅是在边缘上拾遗补缺；有了这些"新木桶"，起步很晚的中国公益就可能后来居上，走到世界的最前列！

三、如何把青椒模式推广到终身教育中

在今天，知识本身在科技大发展的时代不断迭代与更新，教育也进入一个混合式学习阶段。随着新科学、新技术的不断涌现，终身教育成为教育中不可或缺的部分。从两千多年前庄子的"吾生也有涯，而知也无涯"，到今天联合国教科文组织提出"终身学习是21世纪的生存概念"。终身教育体系的构建是推进学习型社会建设的重要战略举措，也是教育改革与发展的重要任务。建立一个有效的、低成本的、多样化的终身教育体系，国家、企业与个人就能在新经济的激烈竞争中不断灵活转身，立于不败之地。

据统计，到目前为止，我国已经有750万返乡青年。在他们回乡创业的过程中，既有鲜花，也有荆棘。现在的问题是，不是农村青年不愿意回去，而是他们不知道在家乡如何能挣出跟打工差不多的收入来。事实上，这些年轻人正面临着很多困难。一是缺模式。振兴农村要靠各种各样的产业发展，他们没有这方面的技能。二是缺资金。地方政府可以给返乡青年一些补助，返乡青年自己也会带回一部分资金，但是这还不够。三是缺师傅。农村创业技术性很强，如果有创业成功的人当青年人的师傅，让他们跟着学，则成功率更高。我们正在尝试用各种有效的方式给他们培训。

从 2014 年起，我们开始把互联网教育推广到返乡青年培训上。我们从培训农村电商开始。第一个项目叫"让妈妈回家创业"。在沃尔玛基金会的支持下，我们在三年间对全国 12000 多名农村青年妇女进行线上与线下相结合的农村电商培训，其中 70% 都成功地在村中建立了网上商店。现在这个项目已经发展成了"香橙妈妈大学"，更大规模、更深入地对农村妇女进行培训。

从 2018 年开始，我担任了中国慈善联合会乡村振兴专家委员会主任，联合了中慈联与清华大学、沪江网、中国农民大学、友成基金会等机构合作，又开始了更大规模的返乡青年培训项目，叫"乡村振兴领头雁"计划。现在全国有两万多名返乡青年，通过手机、电脑每个星期参加五次我们的远程学习，主要由在农村创业成功的返乡青年来讲课。学员们选修自己感兴趣的课程，如乡村振兴政策解读、乡村旅游、种植、养殖、农村电商、社区发展、农村金融等若干门课。对优秀学员，我们还请他们到清华大学来进一步深造。配合国家的乡村振兴计划，让这些返乡青年，还有一大批准备返乡的青年，得到各种实用有效的培训。

最近，我们又在筹划面向村医的大规模培训项目。因病致贫将是未来返贫的最大风险。如果能够把优质医疗、公共卫生、健康等资源通过互联网给村医培训好，就能让他们在农村的第一线发挥重要作用。第一批 4000 名村医的培训马上就要开始了。

今天，我们进入了一个新工业革命时代，需要全新的教育，通过新工业革命推进社会和经济的变化，从根本上改造目前这套为培养第二次工业革命人才而设计的教育模式。在新的教育改革中，要关注弱势群体、关注教育公平，让更多的人受益。对于中国人来说，要实现中华民族的伟大复兴，要让我们国家矗立在世界民族之林，在未来教育上一定要走在世界的前列。

互联网时代乡村青年教师专业能力培训新模式
——以青椒计划为例
北京师范大学教师教育研究中心　朱旭东

一、问题的提出

支持乡村教师队伍发展一直是我国的重要政策。党的十九大报告明确提出，要实施"乡村振兴战略"与"区域协调发展战略"，"推动城乡义务教育一体化发展，高度重视农村义务教育"，"培养高素质教师队伍"等，这要求我们关注乡村地区的教师队伍建设。2015年6月，国务院办公厅印发了《乡村教师支持计划（2015—2020年）》，明确提出按照乡村教师实际需求改进培训方式，提高培训的针对性和实效性。乡村教师的发展是一个持续过程，不同发展阶段的乡村教师需要不同的培训支持。其中，刚入职的乡村青年教师是最重要，也是最需要支持的群体。从事教育教学工作初期的感受与体验直接影响到乡村青年教师对教师职业的归属感。而在目前的乡村教师培训项目当中，主要是针对乡村学校校长以及乡村骨干教师，专门针对乡村青年教师的培训几乎是空白的。

为积极响应国家精准扶贫政策号召，认真贯彻落实国务院《乡村教师支持计划（2015—2020年）》要求，切实发挥北师大教师教育资源优势，集中支持乡村青年教师成长，深入推进教育精准扶贫，2017年，北师大联合友成企业家扶贫基金会、21世纪教育研究院、沪江互加计划等30多家公益组织、教育企业、高校及学术研究机构，发起实施了青椒计划，形成了乡村青年教师专业能力培训新模式即"青椒"模式。

那么，什么是"青椒"模式？为什么要提出"青椒"模式？本文将围绕这一模式的内涵及价值进行阐述，以期对我国开展贫困地区教育精准帮扶活动提供借鉴和思考。

二、基于"U-G-N-I"的"青椒"模式内涵

当前国际上多采用"集合影响力"来提升公益项目的品质，强调各利益相关方在一个骨干机构的协调下形成一个共同的目标，在互动协作与持续性的沟通中成规

模地解决社会问题,并使用同一套评估体系衡量实践效果。鉴于此,中心在多年专业研究的教师教育和教师培训项目实施的基础上,围绕"集合影响力"概念,构建了"U-G-N-I"模式,集合大学(University)、政府(Government)、非政府组织(Non-Governmental Organization)、地方专业机构(Institute)等多方力量,汇聚大学专业优势、政府行政优势、非政府组织的组织优势与机构的渠道优势,旨在共同解决乡村青年教师在工作、生活中面临的诸多问题,助其提升教学质量,促进乡村教育的发展。

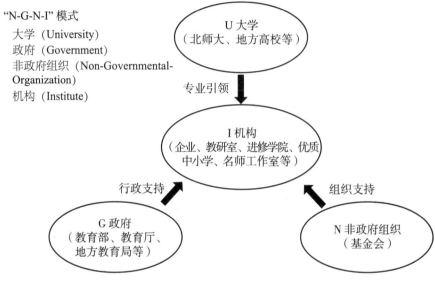

图 2-1 基于研究的"U-G-N-I"模式

(一)大学(University):专业支持

大学学术机构的作用在于专业引领与支持,同时也要充分发挥地方大学的落地跟进与支持作用。高校具备专业优势与专家团队优势,可以依凭这个优势对服务对象的真实需求做出精准的分析,对存在的核心问题做出比较科学、深入的把握,并能根据对象需求设计科学的、能真正提升其自主发展和自我造血能力的学习方案,同时对项目实施进行质量监控,引领项目的有效落地。大学以北师大为代表,主要为青椒计划提供专业支持,包括对乡村青年教师的学习需求分析、培训主题确定、专业课程设计、授课专家遴选、课程实施监控与效果评估等,确保计划的科学性、专业性、有效性。

（二）政府（Government）：行政支持

政府部门主要包含教育部、省教育厅、地方政府、教育局等相关行政单位。获得教育部的支持是乡村青年教师社会支持公益计划得以顺利开展的前提。而各地教育局则主要承担对当地乡村青年教师参与学习提供行政支持的责任，是计划顺利实施的关键因素。乡村青年教师社会支持公益计划最初开展时，选择试验地区的标准之一就是当地教育局要主动参与，高度重视并从行政层面提供支持。

（三）非政府组织（Non-Governmental Organization）：组织支持

非政府组织以友成企业家扶贫基金会、中国光华科技基金会为代表，主要为青椒计划提供组织支持。在国际社会，慈善组织历来是社会扶贫济困重要成员，而青椒计划作为乡村青年教师社会支持公益计划，需要非政府组织在一定程度上提供重要的财力、智力支持。青椒计划秘书处设在友成企业家扶贫基金会，主要负责行政、传播、筹款等事宜。

（四）机构（Institute，包含企业与其他教育机构）：渠道支持

机构以沪江互加计划和华为云 Welink 为代表。互加计划主要为乡村青年教师社会支持公益计划提供渠道支持，即互联网平台，充分发挥互联网无边界的优势，让全国各地的乡村青年教师们通过互联网这条"高速路"与北师大的知名专家学者直接沟通交流，享受到优质资源。华为云 Welink 为乡村教育、平等教育提供平台级的解决方案，发挥"数字化连接器"的作用做好四个连接：连接业务、连接团队、连接设备、连接知识，助力乡村教育解决师资不足的问题。

三、基于"U-G-N-I"的"青椒"模式价值

教师队伍质量提升是教育脱贫的关键。教师队伍质量的提升依赖于科学、专业、有效的教师教育体系。中心通过多年的研究发现，目前全国各地的教师教育特别是贫困地区的教师教育存在着教师教育体系不健全、教师教育能力不足、教师教育项目研发能力不足等突出问题。这些问题严重制约了各地的教师队伍建设，特别是青年教师专业能力的提升。互联网让乡村青年教师自主学习成为可能，乡村青年教师可以基于自己的需求自主选择网络资源进行学习。然而，网络上的学习资源鱼龙混杂，没有系统性，并且没有考虑乡村青年教师的发展规律与需求，导致学习碎片化、肤浅化、混杂化。而青椒计划所采用的"U-G-N-I"模式为以上问题提供了解决路径。

（一）理论+实践，精准把脉

多年来，北师大教师教育研究中心积极开展学校合作、区域合作、国际合作等各个层面的社会服务工作，为各个地区的教师专业发展提供了有力支持，积累了丰富的研究与实践经验，也聚集了一大批知名的专家学者和有丰富实践经验的一线教师、教研员。在青椒计划"U-G-N-I"模式中，我们首先设立首席专家，组建高水平的课程研发团队，彻底打破传统的、封闭的培训系统。授课专家层次多元，由高校教授、教研员、一线优秀的教师等联合组成，充分体现理论与实践相结合的原则。一是确保问题诊断的精准性和可行性，二是确保项目实施过程的科学性和专业性，三是确保项目跟进的延续性和持续性。在项目设置及实施上，坚持教师专业发展的连续性、空间适应性和工作情境性三大原则，做到了既有理论引领，又有实践解决，既"高大上"，又"接地气"。

（二）专业+行政，协同联动

"U-G-N-I"模式通过大学的"专业影响力"，借助以北师大为代表的高等学府调动社会力量、行政部门力量以及地方专业力量共同参与，通过协同联动，充分发挥各参与方的自身优势，既确保项目顺利开展，又实现了"共赢"。一是高校参与的专业引领规范了社会力量组织公益活动的科学健康性，提升了公益信效度。二是政府与非政府组织的多方支持为教育帮扶公益活动的顺利开展提供了重要的外在保障，助力教育帮扶公益活动在地方有效落实。三是高校的专业引领与辐射带动，既提升了地方专业组织的教师教育能力，又搭建了农村地区教师教育发展的落地支持平台。

（三）提智+提志，提升内生力

我们提出的"U-G-N-I"模式项目主要涵盖两个层次的目标：一是促进教师教育自身提高，即通过科学、系统、完善的教师教育体系的建立，提高乡村地区的教师教育能力；二是通过教师教育促进教师素质提高，即基于高质量的教师教育体系培养与培训职前职后教师，提升对象地区教师队伍素质，通过项目的实施，既提升了农村教师队伍的"精气神"，激发教师队伍的活力，又充分调动教师教育者自身的主观能动性，提升教育发展的内生力。

四、结语

自2017年以来，青椒计划以其特殊的低成本、成熟的课程设计、便利的学习模式、大规模的社群化学习方式，已经帮助乡村青年教师打开了一扇全新的互联网成长之路，并且受到了越来越多乡村教师的欢迎，也为200多个区县教育局探索出一条全新的乡村教师培训道路。这对于探索互联网信息时代背景下，促进乡村教师专业发展的课程体系建设的有效支持路径，造就一支素质优良、甘于奉献、扎根乡村的教师队伍，培育"下得去、留得住、教得好"的优质师资具有重要的实践与政策意义。

激活乡村教师社群化学习的力量
——基于"互联网+"的乡村教师成长新模式探索
深圳宇泽公益基金会理事长、原沪江互加计划负责人　吴虹

每个周三的晚上7:00，贵州赫章双河小学的李美老师准时拿出手机，参加青椒计划学习。身为一个乡村教师，她参与这样的学习已经持续了一年多，在互联网上学习成为她生活的一部分。她的手机微信好友里多了一批天南地北的名师，改变了朋友圈就改变了世界。

她在给自己的一封信中这样写道：

亲爱的，你好！我现在是含着眼泪给你写这封信。两年前你独自一人来到了这个全乡最偏远的乡村小学，你的寝室是一间已经荒废了很久的杂物间，里面有老鼠和各种各样的小虫子。在这个没有亲人的地方，尽管你瘦小体弱，但仍然克服了种种困难。你一个人守学校，一个人在学校收菜，一个人跑到很远的地方去为孩子们订资料，一个人在黑黑的山路上行走，一个人在大晚上还在写着每一份资料、备着每一节课、想着班上的每一个孩子，一个人一天打了几十个家长的电话，和他们讨论孩子们的学习情况，甚至一个人在回来的路上被狗追，摔得满身是泥……我知道那时的你很伤心、很痛苦、很无助、很孤单，每当回头一看，留下的都是一路孤独的背影、一路蹒跚的脚步，你不知哭过了多少次，但也坚强了很多次。

终于……终于在一年后的一天，你遇到了生命中的贵人"互加"，你的勇敢、你的坚强、你的努力、你的坚持，终于可以和"她"分享，你不再孤单、不再害怕、不再是独自一人在乡村教育的道路上艰难地行走。在贵人的带领下，尽管学校没有"班班通"，也没有互联网，但你仍然用自己的手机带着孩子们学跳舞、学唱歌、学画画，此时的你就成了孩子心中无所不能的"天使"。

这一路上你又遇到了"青椒"、遇到了"小狮子"、遇到了"兴成长"、遇到了"彩虹花"、遇到了"春晖学院"、"嘉学院"，还有美丽的蔡蔡老师，你用了十万字的简书记录下了这一切的相遇、一切的美好，终于回头的时候看到的不再是一个人孤独的背影、一个人蹒跚的脚步，而是一群人的坚守和努力。

她只是中国330万乡村教师的一个缩影，像她这样的35岁以下的乡村青年教

师有近100万人。

2017年9月9日，在北师大曾宪梓楼，"乡村青年教师社会支持公益计划"正式启动了，这是由北师大、友成企业家扶贫基金会、沪江互加计划、21世纪教育研究院、西部阳光基金会等多家单位联合发起的面向乡村青年教师的全新培训模式。

第一届青椒计划（2017年9月—2018年5月）覆盖全国20个省级行政单位，70个区县，4489所学校，30413名学员。

第二届青椒计划（2018年9月—2019年5月）覆盖全国17个省级行政单位，176个区县，5041所学校，19297名学员。

第三届青椒计划（2019年9月—2020年6月）覆盖全国17个省级行政单位，61个区县教育局，2806所学校，9027名学员。

从2017年9月到2020年6月，青椒计划共培训、陪伴了来自23个省级行政单位、249个区县（贫困县112个）、10000多所学校的58737名乡村青年教师的成长。

青椒计划使用CCtalk作为课程平台。自2017年9月启动以来，青椒计划为乡村青年教师提供了55讲专业课程，64讲师德课程，314讲分科课程，课程时长达26340分钟，累计观看量达1351070人次。

第一届青椒计划共计提供专业课程30讲，授课讲师29位；师德课程32讲，授课讲师21位；分科课程144讲，学科18种，授课讲师108位。

第二届青椒计划提供专业课程11讲，授课讲师11位；师德课程15讲，授课讲师12位；分科课程60讲，授课讲师49位。

第三届青椒计划提供专业课程14讲，授课讲师14位；师德课程17讲，授课讲师11位；分科课程110讲，授课讲师47位。

这是中国乡村教师首次通过网络实现大规模社群化学习，带给偏远乡村（特别是乡村青年教师）一次全新的学习成长机会，探索出了足不出户、免费共享优质资源的全新教育扶贫、扶智新模式。青椒计划在全社会产生了极其重大的影响，开辟了中国乡村教师教育的新格局。

一、青椒计划产生背景

当前，我国乡村教师约有330万人，他们长期坚守在条件艰苦的老少边穷岛等地区。近些年来国家通过实施特岗计划、国培计划、师范生免费教育、乡村教师生活补助等政策措施，帮助乡村教师提升待遇地位和能力素质，乡村教师队伍面貌发生了巨大变化。但是受城乡发展不平衡、交通地理条件不便、学校办学条件欠账多等多种因素影响，乡村教师的职业吸引力仍然不够强，"下不去、留不住、教不好"的现象依然存在，严重制约了乡村教育的进一步发展。

国务院办公厅 2015 年印发的《乡村教师支持计划（2015—2020 年）》提出：到 2017 年，力争使乡村学校优质教师来源得到多渠道扩充，乡村教师资源配置得到改善，教育教学能力水平稳步提升，各方面合理待遇依法得到较好保障，职业吸引力明显增强，逐步形成"下得去、留得住、教得好"的局面。到 2020 年，努力造就一支素质优良、甘于奉献、扎根乡村的教师队伍，为基本实现教育现代化提供坚强有力的师资保障。

二、青椒计划的模式：低成本实现大规模教师高品质学习

区别于传统教师培训定时、定点、定人、定编的模式，青椒计划的课程学习全部采取网络直播的方式。乡村教师只要通过沪江 CCtalk 客户端就可以实现免费、随时随地在线学习。每周三、周六定时聆听北师大及全国各地专家和一线优秀教师的分享，让广大乡村教师享受到前所未有的学习机会，所有网络研修课程的设计都是为乡村教师定制的。低成本、大规模的学习，让学习门槛大大降低。

三年来，通过各部门通力合作，免费的教师成长课程陪伴了五万多名乡村教师的成长。从图 2-2 中可以看出，这是一场跨领域的公益合作创举，教师培训不单是教育部门的事情，而是通过协作把教育部门、高校、企业、公益组织、乡村教师联结在一起，利用互联网社群学习的便利，打通资源壁垒、区域壁垒与时空限制，探索出一条低成本促进乡村教师成长的全新模式。

无论是网红直播、游戏直播、电销直播、大型会议直播还是各种网友自己的在线分享，直播已经成为社会生活中一种司空见惯的分享模式；然而在学校领域的直播应用仍然很"昂贵"。且不说一个专用的录播教室配置动辄就要几十万，关键是，即使有了录播教室，学校对其应用也十分有限，多数用于公开课展示活动，常态化教学直播很难开展。因为学校录播系统基本是在校内使用，教师学生在回家之后基本无法参与学校录播教室的学习，造成资源的很大浪费。

利用现成的网络学习软件，沪江开发了实时互动学习平台 CCtalk 帮助教师学生学习。无需配置昂贵的专业录播教室，一根网线、一台电脑、一个摄像头就可以

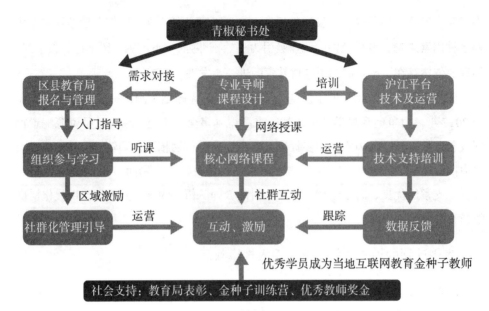

图 2-2 青椒计划支持系统框架模式

让全中国的同学在同一个教室上课，实现了跨地区、跨时空、随时随地分享学习的网络大课堂。沪江互加计划自 2015 年起为乡村学生开设网络公益课程，每周丰富多彩的素养类课程弥补了乡村学校长期以来的课程缺乏与专业教师的不足，帮助青椒计划的乡村教师将所学的网络知识、教育理念、教学专业技能同时在互加计划公益课程中得以落地。

三、青椒计划特点：社群化学习激活乡村教师内生学习动力

区别于传统教师培训，社群化教师培训在原有的培训模式上有着更多的互联网属性。对于互联网老师来说，用户的参与感非常重要，如果能激发更多的教师参与感，就能变传统培训"要我学"为"我要学"的模式。

传统教师培训在于自上而下地搭建体系、制定课程、评估反馈、考核论证，从社群化学习的角度来看，教师（用户）更加关注的是自己学习的体验感与参与感。互联网给了教师更多参与的机会，通过网络平台实现师生之间、教师之间互联互通，相同兴趣爱好、不同学科、不同地域之间的教师可以随时组建自己的微信群、QQ 群，分享学习的感受、体验；通过课后打卡、简书、美篇等网络免费社群交流

工具相互分享，组成了一个又一个非正式学习的共同体，充分激活教师内在的成长动力，让学习成为教师职业生涯中的重要组成部分，唤醒每一个个体内在强大的生命活力。

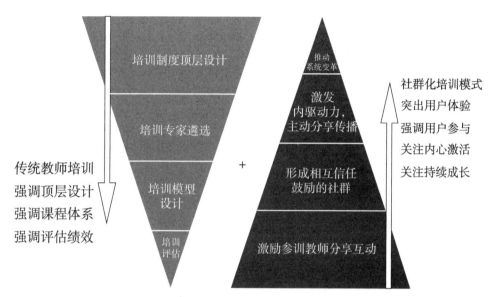

图 2-3　传统培训与社群化学习结合后的教师成长新模式

如何让教师之间的力量联结起来，这是我们传统培训所忽略或难以企及的领域。麦特卡尔夫定律让我们看到信息时代下价值与用户的改变：信息时代三大定律之一，即网络的价值与用户的平方成正比，N个用户与N个用户相联，其价值效益则是以N×N计算的。学科社群学习正是通过设计和运营，使不同学校、不同区域、不同年级、同一学科的教师基于相似的兴趣、任务或价值观，有组织、交互式地发生群体学习，从而带来教师个体学习与发展方面的巨大改变。

然而在互联网社群化学习的平台上，教师之间相互学习、相互鼓励、抱团取暖成为教师成长的最大动力之一。社群化学习是利用终端平台，把一群有共同兴趣和任务需求的人有组织地结成群并开展目标性学习的一种教育活动。社群化学习建立了教师发展的生态支持系统，教师相互联结组成网络学习共同体，使跨界、跨地域的合作成为必然，为"人人皆学、处处能学、时时可学"的学习型社会的构建赋予可行性。通过表达、分享、传播，每一位教师都能够成为自媒体，使软件从传统远程教育的工具化属性转变为互联网学习的社群化属性，用有温度的运营实现"用教育的技术联结教育的人"，培养教师网络学习习惯，让教师在虚拟的社群空间里找到共同成长的归属感，让乡村教师成为乡村教育的推动者、变革者。

表2-1 传统师训、传统网络师训与网络社群化学习模式对比

	传统师训	传统网络师训	网络社群化学习
场景	集中短训或定期轮训	平台相对封闭、统一账号登录	开放、多终端、直播+录播、随时加入
时间	节假日或寒暑假期	在线随时学习	实时直播+不限时回顾
组织	场地、行程、食宿、学习	名额限制、平台固定且封闭	开放或私密、大规模与个性化、更灵活
形式	报告、参观、示范课	看视频、发作业、考勤在线时长	互动性强、开放多元、参与面广
内容	关注内容，交互不够	关注内容，交互不够	内容+交互，人与人的联结，更多生成
费用	路费+食宿+学费	较高的带宽和存储费用+运维成本	低成本、可复制性强、青椒计划全免费
持续	单次培训为主	封闭环境下的教师独立课程学习	可持续、关注度高、提升改进空间大
运营	培训结束就不再活跃	行政要求，缺少运营环节	社群运营和激活教师自驱力，活跃度高
建议	线上线下结合可持续	打通师训平台壁垒，平台更开放	成为"国培"的补充，整合资源集合影响力

社群化学习模式正在为更多人所认可，教师培训已不再是流程式的讲座报告，也不再是孤岛式成长的个体，而是拥有共同愿景、共同诉求的教师团体形成社群，形成集合行动力、集合影响力。

从教师到教练，是这个时代赋予教师新的身份和职能变革。

图 2-4 社群化学习模式与区域资源互联的循环效应

表 2-2 社群学习的主要工具

社群学习工具	主要功能	适用场景
CCtalk	网络在线互动学习平台，免费软件，适合各种终端使用的免费学习	免去教师与专家来回奔波之劳顿，随时随地互动连线，万人课堂同步学习，高效省时，双向视频互动、群空间对话，进入"人人为师"时代
微信	边界沟通，快速建立联结；改变朋友圈结构，从熟人社会到生人社会	学员群运营，活跃用户黏性，跨地区课程合作成为常态
小打卡	免费小程序，解决微信群信息过多难以存储的不足，培养用户习惯	在线课程之后的打卡分享，帮助老师养成及时分享的习惯，也搭建了基于相同兴趣与需求的教师更大社群，让教师的学习与思考密切结合
美篇	图文编辑的写作工具，快速入门方便编写，没有难度，很适用	教师把课堂、学生、学习等照片进行及时编辑，快速反馈，分享便捷
简书	分享写作的平台，操作简单、排版美观，学会在更大的空间展示自己	从 0 到 1，教师对课程学习及教育教学问题的深度思考与写作

互联网时代每个人都可以通过自媒体表达、分享、参与讨论与协作，提升教师培训的参与感。课程之外，我们鼓励教师思考、写作、分享，逐渐向专业化发展。以上表格中的工具都是教师在线培训中非常有效的社群化学习必备武器。因为有着这些功能强大、特色不一样的免费软件，教师社群化学习的黏性越来越大，让麦特卡尔夫定律再次得到验证。

仅青椒计划，教师参与社群化学习的打卡就达百万次以上，写作的简书美篇故事过万篇，累计超过千万字，这样的学习规模在互联网时代正通过社群化学习模式影响着更多的教师，也影响着更多的领导。

如此大规模的乡村教师培训，通过互联网社群化的学习模式，充分激活了乡村教师的参与热情。除了200多节丰富的网络免费课程可供选择，青椒计划还在一年内开展了10多次大规模的社群活动，"九宫格生命故事""感恩蓝丝带""气球宝贝""开启行动力"等多彩的活动让乡村教师与学生焕发了生命的活力。从曾经的被动学习者到主动参与、积极分享者，这些变化让乡村教师跨越地域、年龄、职称、学历的边界，在社群中学习、分享。积极主动拥抱变化的老师，都发生了巨大的变化。

图 2-5　全国百名优秀青椒学员在北师大参加为期一周的集训照片（2018.07）

在新疆和田乡村学校任教的魏晋楠参加了青椒计划。起初当作一个负担、并没有太在意的她，几个月后被拉进青椒计划微信群，在那里认识了全国各地的优秀教师，人生从此"开了挂"。从那时起，魏晋楠坚持上青椒计划平台听课，坚持打卡，坚持用简书写心得。为了不错过每次课程，她特意设了闹钟，提醒自己及时上线。连续三个月，魏晋楠都被评为青椒计划优秀学员。如今的魏晋楠成了青椒计划助教，带着更多南疆地区的乡村老师，用自己的故事鼓励新教师通过网络改变自己、改变学生、变革教学，一起"与更好的自己相遇"。

在青椒计划社群化学习一年后，和魏晋楠一同在线学习一年之久的优秀学员终于在北师大集结，对于他们来说这个机会太宝贵了。不同于国培计划由学校或地方推荐名额参训，青椒计划的学习机会是完全靠在线社群化学习脱颖而出争取到的。他们身上有着共同的特性：积极主动、拥抱变化、善于学习、乐于分享，他们让我们相信乡村教师也能成为乡村教育的核心力量。

青椒计划教师的学习除每周三北师大专家授课外，在 2018 年 4—5 月间还增加了分科研修。什么样的课程是乡村教师喜欢的？是否可以把名师、特级教师的课程直接拿来讲课？在这样一份大课表里，教师可以选择白天随班听网络直播公益课，了解名师如何教授课程；晚上可以根据学科安排，选择进入不同的学科群研修。所有的群都是开放的，老师可以在当天听过数学直播课后再去听文科课程的回放，打破了以往专业课程教师培训无法串班的遗憾，让更多教师接触不同领域的课程、接触不同风格的教师。

图 2-6 魏晋楠简书主页

所有的分科学习授课教师全部是公益上课，所有在线助教都是青椒计划志愿者，就这样免费为乡村教师带去两个月 120 多节高品质研修课程。图 2-7 粗框里的统整课程，来自深圳南科大第二实验小学。该门"统整项目课程"于 2015 年、2016 年连续入选教育部第三次、第四次"全国基础教育信息化应用现场会"优秀案例，被教育部作为"互联网+"背景下课程创新案例向全国推广。像这样的国家级最优秀的课程用传统学习方式只能去深圳学习，而今我们的乡村教师足不出户就能跟岗学习，名校、名师随时就在身边。深圳南科大第二实验小学也通过两年来 80 多次的网络直播课程让乡村教师看到了深圳学校的先进教学理念。

图 2-7 青椒学员网络分科大课表

四、青椒计划的与众不同：集合影响力打造跨界教育创新

对于传统教师培训来说，基本都是在教育系统内培训，无论是"国培"、民间公益组织的培训，还是专家讲座、进修学习都需要很高的成本。在移动互联网时代，跨界合作、共享成为必然趋势，教育系统内部的壁垒需要被打破，行业的界限也变得模糊，用各自最长的板来共同组成最大的木桶——这是国务院参事汤敏先生一直倡导的"新木桶理论"。

汤敏老师指出，"新木桶理论"其实不是很新，国际上有个比较学术化的名称，叫"集合影响力"。这一理论于2011年在美国被正式提出并开始推动实践。集合影响力是一种大范围、跨部门协作的工作方法：各利益相关方在骨干机构的协调下形成一个共同的目标，在互动协作与持续性的沟通中成规模地解决社会问题，并使用同一套评估体系衡量实践效果。集合影响力由约翰·卡尼亚（John Kania）和马克·克莱默（Mark Kramer）在2011年出版的《斯坦福社会创新评论》中提出，目前在美国已经有利用这一理论的成功案例了。

青椒计划可能是在中国历史上企业、学术界、公益机构第一次如此大规模、如此深度的融合。目前青椒计划的规模还在不断扩大，培训内容也在不断深化。

大规模社会问题是集合影响力充分发挥作用的关键所在。回顾传统教师培训，无论在模式、方法、运营、参与上都无法满足教师全方位的需要，有的乡村教师因为身份不是在岗教师，工作十多年没有参加过一次培训，却依然需要在一线任教。

谁来保障这些乡村教师的知识更新？谁来助力乡村教师的可持续成长？仅靠一年几次的进修很难满足教师成长的需求，即使难得有机会外出培训一周也需要时间、经费和名额。在互联网如此发达的今天，教师网络平台也很多，为什么很多老师在线教研并不热情，甚至挂在线上熬时间？为什么我们在教育信息化投入了巨额经费后，大多数的学校教学模式难有太大的改变？甚至很多设备还没有用过就报废或者更新了。

这就是国家教育部提出的教育信息化2.0战略的意义所在，而教师通过教育信息化提升应用能力与信息素养是当下最关键的问题。如何从教育信息化1.0顺利走向2.0，这需要我们真正解放思想、拥抱变化、不断探索、共享资源。集合影响力正是共享资源的具体体现。过去各地教育部门需要培训教师，都是单独邀请专家名师到当地讲学，如今通过网络在线课程，北师大、华东师大专家近在眼前，不仅降低了来回奔波的成本，更提升了教授专家课程的影响力。在万人直播课里上课，让许多高校专家很兴奋，他们纷纷表示用这样的模式授课方法新、成本低、效果好，希望以后多多尝试。

通过"互联网+教育"，实现教育优质资源的共建共享，这是教育扶贫的重要举措。2018年5月5日至5月7日在北京召开的"全国第三届基础教育信息化应用成果展示交流活动"中，我们看到来自吉林龙潭、甘肃天祝、广西梧州、河南三门峡等地的"互联网+教育"扶贫经验登上了全国大舞台，这是落实国家"互联网+教育"扶贫战略的重要成果，充分体现了习近平总书记提出的：实施"互联网+教育"，让山沟里的孩子也能接受优质教育。

回顾三年青椒计划走过的历程，青椒计划表现出以下特点：

（一）参与青椒计划的教师更精准聚焦于新入职教师

对三区三州重点帮助，来自新疆喀什、和田地区的青椒计划报名教师超过4000人，青海玉树州、云南德宏怒江州、四川凉山州、甘肃临夏州等国家深度贫困地区均有大批教师免费参与到青椒计划学习之中，与全国各地学员充分交流，为乡村教师"下得去、留得住、教得好"搭建了一个全新的成长平台。

（二）各地教育部门高度重视，跨地区、跨界合作，成为教师培训的新亮点

三届青椒计划累计参与教育局达200多个，如何组织规模庞大的教育系统教师

培训，对互联网学习的组织、管理、运营、评价都是极大的挑战。

首先得益于各地教育主管部门的大力支持与积极推进，先后有黑龙江省教育厅、吉林省电教馆发文在全省组织报名，还有江西赣州宁都县教育局、云南德宏州教育局、喀什莎车县教育局等数十家地区教育部门发布红头文件正式推进，带动了全体教师参与学习的热情。

图2-8　青椒计划汇报会、座谈会、推进会

（三）合力共建共享优质资源，跨界合作成为趋势

联合发起青椒计划的多家单位里，既有北师大这样的师范教育高等学府，还有友成企业家扶贫基金会、沪江、爱学堂、洋葱数学等公益部门与企业参与。越来越多的社会力量汇聚起来，突破行业壁垒，只为打造更好的共建共享平台。第二届、第三届青椒计划还邀请了华东师大开放教育学院参与授课与研究，积极推进华东师大最新研发的"微认证"系统加入青椒计划，形成全新的评价机制。

（四）教师培训成为教育扶贫的重要举措

教育信息化是教育现代化重要的组成部分，也是实现教育现代化的基本路径。以教育信息化带动教育现代化，成为国家教育发展的战略共识。教育扶贫，教师先行。改变传统扶贫以物质捐赠为主的方式，在支持国家三区三州教育扶贫项目中，青椒计划被作为当地教师素养提升的重要途径。只有教师的专业核心素养提升，才

能更好地有效利用资源，实现教育的优质均衡发展。（支持国家三区三州扶贫名单及所有区县名单详情见附录1）

五、青椒计划给我们带来的对于乡村教师培训的思考

据教育部教育信息管理中心《2017年中国互联网学习白皮书》报告，从国家层面而言，当前我国面向中小学教师的培训项目主要有国培计划和"能力提升工程"两大类。国培计划（全称为"中小学幼儿园教师国家级培训计划"）是贯彻落实教育规划纲要启动的教育发展重大项目，由教育部、财政部在2010年开始共同实施。按照国培计划6年投入106.5亿元培训1100万人次计算，每人单次培训成本在1000元以上。《2017年中国互联网学习白皮书》指出，教师互联网学习要想进一步提高质量，依然面临一些亟待破解的关键问题，并非常精确地指出了现有教师培训的弊端。如何破局呢？我们经过三年的探索，对此有自己的思考供参考：

（一）现有教师培训体系相对落后，培训内容关注学科教学内容高于关注教师个体感受，培训模式基本以教师被动听报告为主，缺少教师主动积极深度思考；培训时间以短期或间隔为主，缺少长效跟踪与陪伴；培训主体以专家讲座为主，缺少教师自主可选择性。由于原有教师培训体系、课程体系、课程结构、评价体系已经相对滞后，特别是在互联网教育的有效开展方面还相对滞后，让教师课程培训体系与时代同步，让所有教师都能同步共享提升，让"国培"不再只是少数人参与的福利，特别是能快速覆盖到三区三州，让教师成为教育脱贫攻坚的重要核心力量，应该成为我们努力的方向。

（二）现有教师培训缺乏有效共享机制，当互联网把大规模学习的边际成本降为零的时候，大部分教育系统内的课程资源是封闭的，难以实现共享；关注建设高于关注应用，重复建设资源造成新的浪费；高校教师培训与中小学实际需求之间有较大距离，国培计划中的网络研修因为课程迭代速度慢，教师参与积极性不高，国培计划的资源无法实现应有的效果。互加计划与青椒计划通过共享"大课表"机制，彻底放开课程资源，用公益的力量解决大规模社会问题，极大降低了成本，提高了优质资源的覆盖，让名师成为乡村教师成长的陪伴者、支持者、引领者。

（三）关注教师的学习全过程，而不只关注教师的课堂。传统学习模式对教师培训输入大于输出，难以关注到教师参与培训后从量变到质变的过程。网络社群化学习、网络直播、课程运营等手段相对滞后于当下科技发展与网络发展水平，教

育部门领导需要理解互联网思维如何轻量级地实现资源的共建共享，从而在教师培训、资源配置、经费预算等方面做出新的调整。

过去教师培训的经费结构相对简单，以专家讲座费、学员来回路费、住宿费、场地费、学习资料费等为主。通过互联网社群化学习，让学员来回路费和场地费的支出极大下降，教师培训组织者在原本教师学习吃住行方面投入的精力也会随之极大减少，转而关注教师学习的收获、关注教师学习中的问题、跟进教师学习过程，在社群里活跃教师的运营。互加计划团队仅六名成员，除运营全体青椒计划学员网络课程学习外，还负责大量乡村公益课程以及十多个政府定点对接的扶贫地区，若没有社群化的力量，无法想象这些工作量需要多少经费、多少工作人员。

（四）跨界合作成为必然。

"现有教师专业发展支持服务体系的文化基础，其包容力和兼容性都非常弱，整体文化建设滞后于教师培训的发展需要，教师专业发展支持服务体系需要尽快构建起具有最广泛共识的培训价值体系"，这一难题如何破解？

对标教育部 2018 年国培计划组织实施的整体要求，青椒计划是对教师培训又一次重要的升级。青椒计划目前已经参与到各地教育扶贫计划之中，同时探索出重点领域（乡村教师）的社群化学习新模式，成为教育公益创新的品牌。综上所述，通过网络低成本、大规模、可持续培养乡村教师的模式已经得到乡村教师的认可，为帮助乡村教师"下得去、留得住、教得好"探索出了新的解决方案。

可见开放教师培训体系，建立更加灵活的培训机制，活跃教师社群参与度，让更多的企业、社会力量参与其中，才能降低培训成本，让国培计划发挥更大的效能。

从人力资本研究角度分析青椒计划对于青年教师成长的意义

第三届青椒计划评估报告项目团队成员　李海峥　顾鑫　李鑫
马明宇　漆萍　苏妍　许伊婷

针对乡村青年教师目前面临的问题和乡村教育的现状，友成企业家扶贫基金会等30多家教育类公益组织、教育类企业、高校及学术研究机构联合发起了青椒计划，旨在解决乡村青年教师在工作、生活中面临的诸多问题和挑战，帮助稳定教师队伍，提升乡村教学质量，促进乡村教育的发展。自2018年起，中央财经大学人力资本与劳动经济研究中心成立评估团队，秉承科学方法对青椒计划的效果进行评估。通过问卷调查，我们采集了参与项目教师的详细信息。本文主要从不同方面探究青椒计划对于青年教师成长的意义。

一、教师参与程度和项目评价

由于青椒计划采取非强制自愿学习的模式，教师的参与程度将直接影响项目效果。对于整体参与程度，我们使用总积分度量教师总体参与率，使用作业积分和优秀积分度量教师的深度参与率。分析发现，以总积分度量的教师总参与率高达95%，作业积分和优秀积分度量的深度参与率也达到83%。从分学期的动态参与来看，教师上学期的参与率远高于下学期，上学期的专业课和师德课参与率高达91%；而对于下学期的分科课，参与率仅66%。

教师对青椒计划的参与程度差异，可能受个人特征和行为的影响。分析发现，每周教学任务相对轻的教师，总体参与和深度参与的程度都更高；同时在参加其他培训活动的教师，比同时期只参加青椒计划培训的教师参与程度低；参与培训时的网速更快、流量费用承担能力更强的教师，整体听课参与和分学期的参与程度都更高。从参与动机来看，因"个人职业发展需要"而参加项目培训的教师，总积分和深度参与积分的表现最好；为"应付学校和上级考核需求""有助于评定职称和增加薪酬"而参加培训的教师参与程度相对低。

从教师对青椒计划的整体评价来看，绝大部分教师认可项目效果，其中21%的教师认为项目效果非常明显，约74%的教师认为项目有一定效果。从课程评价来看，教师更重视专业课和分科课的学习，有41%的教师认为专业课最有帮助，46%

的教师认为分科课帮助最大，仅13%的教师认为师德课帮助最大。

不同地区、性别、教龄、参与程度的教师，对项目效果评价呈现出一定差异。平均来看，东部地区教师对项目效果的评价最高，西部地区最低；男性教师中认为"提升效果非常明显"和"没有效果"的教师比例都高于女性。从教龄来看，教龄两年及以上教师对项目整体评价略高于教龄一年及以下教师。参与程度高的教师对项目整体评价更高。

二、网络社群效应

青椒计划为教师提供职业培训，网络社群学习是其一大特色。研究表明，通过个体之间的社群交互作用形成的同群效应对个体发展有重要的影响。青椒计划设计网络社群学习让教师们在网络培训环境下，通过社群互动激发教师学习热情与积极性，提升项目培训效果。

青椒计划社群包括好友社群、直播课程社群、小打卡社群和简书社群。四大类社群涵盖范围不尽相同，各具特色：好友社群属于传统的好友互动模式；直播课程社群反映了以课程为基础的同学之间的沟通交流；小打卡社群和简书社群凸显了社交网络的特点。超过60%的教师在培训过程中结交到了好友，并且保持一定的联系。约65%的教师在课程直播间及相应课程群里与同学有过经验交流。虽然小打卡社群的活跃度较高，但是教师们更倾向于使用点赞而非评论作为互动方式。由于简书收录数量较少，教师们的简书社群互动更多停留在阅读层面。

我们发现，活跃的网络社群交流有助于学员更加积极、深入地参与到课程培训中去，获得更多的积分。同时，网络社群交流活跃程度高的学员更可能对青椒计划给予正面评价，更可能认为青椒计划优于其他培训项目。因此，提升网络社群交流活跃程度将有助于教师从培训中获得更多收益，从而提升青椒计划的整体效果。目前的网络社群活跃度尚有较大的提升空间，互动交流还可更加深入。未来可考虑在课程中加入分组讨论、小组作业等形式，丰富教师们的网络社交方式，进一步提高教师参与社群互动的积极性。

三、教师工作感受和职业认同

教师的工作感受和职业认同是青椒计划重点关注的问题之一，也是课程设置的重要因素。教师工作感受主要从工作满意度和工作压力两方面进行分析。教师工作满意度是教师对其工作整体及工作相关的各个方面的情感体验,而教师工作压力是指由于工作环境及其他事物的影响,教师从心理和生理上产生的消极的表现。很多研究已经发现,较低的工作满意度和过高的工作压力都会带来一系列后果,例如教师工作产出降低,离任率提高,以及教师心理障碍发生率提高等。教师职业认同是指教师对于教育工作的认同感。乡村青年教师由于缺乏实际工作经验,并且对乡村工作环境不够熟悉,往往会在初期产生消极的工作感受。因此,需要帮助他们更好地适应工作,从而充满热情地坚守在乡村教育一线。

青椒计划的课程内容的设计初衷就包含提高教师工作感受和职业认同。研究发现,参与培训程度高的教师在工作满意度和职业认同上较其他教师表现出更积极的态度。同时,与上学期结束时的培训效果相比较,教师完成一整年培训后的效果有所减弱,主要可能是受到季节和新冠肺炎疫情影响。另外,青椒计划上学期的专业和师德课在提高教师工作满意度和职业认同上有一定效果,而下学期分科课程对教师工作感受方面的效果并不明显。

分析还发现,培训课程对教师工作感受的影响是持续且累积的。下学期的分科课对于上学期参与培训程度高的教师的提升效果更明显。因此,在对教师进行专业技术培训前,先进行思想素质的培训是很有必要的。

青椒计划所营造的网络社群效应对缓解教师工作压力、提高教学工作满意度和职业认同有积极作用。乡村青年教师在新的工作环境中可能会因为没有同伴而感到孤独、无所适从。青椒计划所建立的网络社群则为教师们提供了交流的平台,青年教师们除了可以一同学习外,还可以互相交流经验感受,找到志同道合的朋友。网络社群交流更活跃的教师在各方面工作感受都更积极。

四、教师授课技能

青椒计划培训的目的之一是提升青年教师的授课能力,从而更好地教授学生。经过青椒计划的线上学习,教师们在授课能力、教材掌握和教案设计等维度的授课技能会得到不同幅度的提升。详细来说:课程培训对教师的授课技能有一定程度的提升,主要表现为参与程度高的教师其授课技能明显好于参与程度低的。同时,培训对教师授课技能的提高具有积累性,认真参与了前期课程的教师其后期的课程表现也会更好。

值得注意的是,教师是否主动参加青椒计划对其授课技能培训效果有影响。有些教师是"应付学校和上级考核要求"而被动参与,而另外一些教师"出于自身发展需求"积极参与。结果发现,积极参与的教师授课技能表现更好,这种差距一直维持到项目结束,而且组间差距在扩大,即主动参与的教师培训效果更明显。另外,在培训过程中,社群交流活跃程度高的教师授课技能表现也更好。

五、教师心理状态

教师不但需要具备专业的知识和丰富的教学经验,也需要优秀的心理素质和良好的精神状态。此外,教师积极的心理状态不但可能直接影响学生的学习效果,还可能影响学生情绪。青椒计划的培训目标也包括提高乡村青年教师的心理状态。

心理状态主要包括以下四个方面:第一,教师工作韧性,其代表教师遇到困境时能够承受压力和克服困难,最终实现预设目标;第二,教师工作自信,其代表教师认为自己在教学中有很强的工作胜任力;最后两个方面分别是生活适应性和身份适应性,两者分别代表了教师对于乡村生活适应的程度和教师身份转化适应的程度。分析结果显示,上学期课程的短期培训效果明显,而长期培训效果在教师工作自信、教师工作韧性维度的作用减弱,在身份适应性方面显著增加。但是,下学期课程的培训对于提升教师的心理状态作用不大,这主要和下学期的课程设置与培训内容相关。

此外,除了课程内容,社群的活动也影响教师心理状态,社群交流活跃组别的教师更有工作自信心,也能更好适应生活以及教师身份的转变。

六、贫困地区教育质量

青椒计划中 80.8% 的教师来自贫困地区,稳定贫困地区教师队伍、提升贫困地区教育质量是阻断贫困代际传递的重要途径。贫困地区的教师质量及学校的资源环境较非贫困地区相比更差,这对提高贫困地区教育质量提出了更大的挑战。

受到上课的网速和网费影响,且贫困地区教师更多地同时参与其他培训活动,因此贫困地区教师参与青椒计划的程度相对更低。在对课程的评价中,贫困地区教师认为分科课和专业课帮助更明显。在培训效果方面,贫困地区教师在生活适应性方面提升较大。另外,贫困地区教师由于地理位置更偏僻,更希望与其他教师多交流,从而在参与社群交流时更活跃。

青椒计划可进一步改善课程,吸引更多贫困地区教师参与,同时可以对贫困地区的网络费用进行适当补贴。

七、总结

青椒计划在多方面都展现出积极的培训效果，不仅帮助教师提高工作满意度和职业认同感，对于教师的授课技能和心理状态也有一定积极影响。根据分析，未来推进项目发展可以更注重不同课程比重的平衡，完善课程设置安排，为教师提供更多专业培训。此外，项目之后发展方向也可以进一步构建丰富多彩的网络社群，以及丰富的授课形式，增加学员间的交流互动，从而全面提高项目的培训效果。与此同时，建立完善的激励体制，鼓励教师积极地参与到培训中来，特别是切实帮助来自贫困地区的教师解决参与障碍，进一步扩大项目的效果及影响。

第二节 秘书处伙伴说

青椒计划秘书处在推进集合影响力项目时面临的挑战及应对

友成企业家扶贫基金会　苗青

2007年9月到2020年8月之间，我所在的友成企业家扶贫基金会开始实践一个极具创新性的教育公益项目——青椒计划。这是一个探索中国版集合影响力的项目，没有可借鉴的成熟模版，因此一直处在摸着石头过河的探索进程中。在影响力方面取得了一定的进展，但是仍有很多值得反思的地方。反思一，项目成本高，需要广泛筹募。项目立项之初缺少完整而权威的顶层设计，当时我们的互联网乡村教师培训项目属于首创，国内几乎没有此类跨界创新教育公益项目专家，因此项目顶层设计沟通的时间成本很高，进展非常缓慢。反思二，培训中采用的互联网技术仍处在发展阶段，所有培训活动处在高度不确定性之中。因为是首次尝试，关于设计和操作技术完全是赶鸭子上架，项目技术门槛和创新程度很高，持续开发的难度和执行难度也极大。反思三，在项目执行中由于沟通效果有限使得项目效果大打折扣。多方沟通、多环节协作、持续优化等复杂程度非常高，对顺利高效完成项目具有极大的挑战性。反思四，项目的影响力传播创新不足。在对这个集合影响力项目的探索和反思中，我们对于顶层设计、项目多维创新、复杂迭代等问题进行了思考。

一、国际集合影响力项目的起源和初步实践经验

在我们做这个项目之前，有些国家，例如美国和印度已经开始了集合影响力项目的探索，最主要的经验来自硅谷的 Silicon Valley Social Venture Fund(SV2)。SV2是一个硅谷的基金会，一个新型的公司，他们通过与各类型组织、机构、企业的合作伙伴的合作，来组织成立新教师中心，甚至跨国进行合作，推动教育行业的改变。2011年，"集合影响力"一词在斯坦福的一个校刊上正式发表后，开始在全球通用。此外，一个全球性的学习委员会成立。委员会各成员之间不管问题是什么，教育问题、健康问题，还是公正、公平问题，所有人都互相学习。

集合影响力的概念，就是针对一个社会问题，把一系列非常重要的来自不同领域的代表集合到一起的一个模型，让他们朝着同一个社会问题的方向去努力，并且能够以成规模的影响力的方式最终推动解决一个社会问题，这种成规模的影响力就

被叫作集合影响力。

（一）国外案例

为什么在教育领域采用集合影响力来解决问题？俄亥俄州大学教授感觉自己招进来的学生越来越不如从前，发现其实学生素质培养的问题可以从高中毕业、初中毕业、小学毕业一直追溯到学前教育，所以所有人决定从学前教育开始改变。

（二）集合影响力项目框架的四个支柱及实现方式

第一个支柱是共同愿景。长期的远景目标，需要从高层来提供支持。第二个支柱是数据基础。长期追踪和应用数据，直面失败，分析改进。第三个支柱是合作协作。各合作方参与汇报，提供动力，改善心态，激发更大成就。第四个支柱是共享责任。创造支柱性组织，协调各个利益相关方，建立标准，向公众倡导，帮助合理使用资源。

（三）集合影响力项目实践的基本准则

项目参与方是否做了正确的方案？最初的行动谁来参与？如何分工？如何针对目标和战略进行执行？如何持续长时间推动项目？

二、青椒计划如何被设计为中国版的集合影响力项目

通过学习借鉴国际经验，青椒计划成立了最高领导管委会和核心秘书处，邀请社会各界代表于 2017 年 6 月 28 日在国家教育部教师工作司召开了筹备会，对共同发起青椒计划、初步讨论其价值、如何建构框架、各个机构组织如何参与等问题进行了初步的讨论，其项目模式初步设计如下：

首先，青椒计划核心发起方包括友成企业家扶贫基金会、北师大和沪江互加计划。三方分别派代表组成青椒计划秘书处，负责项目运营和管理。其次，友成企业家扶贫基金会负责整合各方资源、搭建政府关系、联结合作伙伴、统筹项目日常管理、运营及宣传工作。再次，北师大主要负责青椒计划专业课程体系设计及专家资源库搭建。沪江互加计划提供课程平台，开发数据平台，并负责技术支持及课程运营。

（一）课程设计

青椒计划课程由三个模块组成，分别为专业课程、师德课程和分科课程。

专业课程由北师大教育学部搭建专业课程体系，通过科学的专业课程模块，希望乡村青年教师得到最专业的教育理论指导，并持续改进教学理念。

师德课程由沪江互加计划搭建教师成长课程体系，通过强化教师职业道德规范以及乡村文化普及，助其明确责任感与使命感。

分科课程由青椒计划秘书处统筹，动员全国优秀教育单位，分科目搭建课程体系，通过教学方法指导、优质资源递送，帮助乡村青年教师提高教育教学水平。

青椒计划每届的课程学习为期一年，分为秋季学期和春季学期。秋季学期于每年9月开学至12月底结束，历时4个月，每周三和周六进行专业课程和师德课程直播学习；春季学期于每年3月开学至5月底结束，历时3个月，每周一至周六进行分科课程直播学习。

（二）课程组织

各地以县级教育局为单位统一组织报名，并搭建学习社群，教育局指派专人担任青椒管理员负责学员管理。

（三）社群化学习

青椒计划为学员提供分享、展示的平台，学员基于不同的地区、学科等要素组成不同社群，进行交互式群体学习。青椒计划通过创建机制、搭建关系、激励交互、激发情感和体验的社群式学习模式，为项目创造课程内容以外的价值。最终使社群成员拥有更强的归属感、更高的活跃度和更频繁的互动，学员自主输出的内容更有价值，互相学习的效果更好。

（四）积分机制

青椒计划依托网络平台设立学习数据平台，追踪记录学员听课数据、作业打卡、活动参与等轨迹，设置相应积分，作为项目考核依据。

三、青椒计划的秘书处管理机制及执行情况

在最初的项目设计的管理和沟通机制如下图：

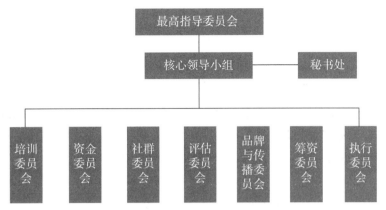

图 2-9　最初项目设计的管理沟通机制

鉴于青椒计划是一个线上线下相结合的教育培训公益项目,因此设计了最高指导委员会,由最高指导委员会决策指导秘书处推进项目。最高指导委员会下设品牌、筹资、执行等专业委员会,在培训、资源拓展、社区发展、监督测评方面把关,保障各项工作执行过程中的专业高度,在公益项目的管理、运营、传播、拓展方面保障项目运营的专业水平。

从 2017 年至 2020 年间的执行情况看,专家委员会发挥的作用还非常有限。大多数专委会都有智库无行动,更多的专委会只出现在课堂,没有深入基层;更多的专委会没有开过会议,与项目组没有深入沟通。

(一)项目技术门槛多重性决定了执行过程的操作创新性

2017 年至 2020 年度青椒计划一直与沪江网旗下的 CCtalk 平台合作,这是一个为共享内容和在线教育服务的平台。

在三年中,青椒计划得到了 CCtalk 平台的大力支持,平台为了项目顺利推进,克服了非常大的技术挑战,最终实现了三大成果:一是数量巨大。平台为 50000 多名学员开通了免费学习的账号。二是内容海量。学员可以在平台上随时随地获取青椒计划栏目的学习资料。三是直播流量巨大。每周三、周六晚上 19 点至 21 点有直播课程,在直播课程中学员可以与授课专家直接对话。但是,如今平台仍面对着更高的技术门槛:

首先,平台面临着保障瞬时流量、避免超载的挑战。直播课非常受学员们的欢迎,但是同时也带来了非常大的流量要求。当直播课开启时,同时并发会大大增加流量压力,随时发生掉线,这就使得技术运营团队充满了挑战。为了保证直播课的画面质量，CCtalk平台做了大量的技术攻坚，只为满足青椒学员们与专家对话的现场感、参与感。

其次，平台面临着保障互动社群的信息安全的挑战。在两个小时的直播中，技术团队还要同时关注老师们的发言内容。

第三，平台面临着保障信息记录及时、有效的挑战。学员在听课的过程中，CCtalk平台系统要随时跟进记录学员的学习轨迹，他们只有满足在直播平台学习40分钟以上，才能被成功记录完成学习，因此数据的统计工作量非常大。

第四，系统面临着记录每位学员学习轨迹的挑战。每位学员在每次学习之后都要提交作业，提交有效作业后学员会获得积分，累计积分更高的学员才能成为优秀学员，在这里我们必须要保证该项目的公平性。因为这是个探索中的项目，所以技术上也是不断地遇到更多更大的挑战，需要技术团队的伙伴们一直在调整和测试中前行。

（二）项目执行的多方协作不畅影响了整个项目的影响力

1. 课程多元，但是课程体系化不足：框架、内容设计、反馈、合作伙伴的免费资源应用有很强的割裂感，不能充分整合。为青椒计划提供课程的机构有几类：北师大教育学部提供全部专业课程；多家NGO组织、爱心教育企业联合提供师德课和分科课程。因为课程的设计理念不同，出品工艺、专业水平不一而足，因此很难统一。

2. 信息交流不够科学严谨：管理指令上传和下达、活动组织、媒体的跟踪严重不足。青椒计划作为一个集合影响力的项目，在执行过程中涉及多个执行方，而秘书处由多个核心成员组成，沟通成本和决策成本都非常高，时间周期长。这直接影响了各方的推进效率，有时候甚至挫伤了各方的积极性。在多方建议、多重指令下，秘书处项目操作团队在执行中经常出现意见不统一的情况，要么项目停滞不前毫无效率，要么事后诸葛抱怨连连，造成了秘书处左右为难的局面，极大地影响了项目的进展。在传播方面，因为是多家机构合作，因此在付出和回报上个别合作方表达了强烈不满。对于一个强强联合的公益项目，我们更多强调的是多方参与协作的公益性，忽略了合作方的某些传播诉求，因此在合作方面不是每个参与方都有愉快的参与体验。在这个方面，我们要更加仔细沟通并做好周密安排，才能保障未来项目的顺利推进。

3. 成果跟进的复杂性：为了保证项目的公正性和公开性，青椒计划创建了一个非常独特的成果记录和跟踪系统,在作业打卡、积分记录、月度和学期评选、月度和学期区县报告等方面进行了全面创新。这样既最大限度地保障了每个青椒学员学习数据的完整性,也保障了跟进评优时的公平性,同时与各个区县建立了非常及时有效的、数据量化的跟进报告,给各地的管理机构提供了丰富翔实的数据画像,助力各地区县的管理工作,助力他们与我们项目组的共同协作进行各级各类表彰。从总体的执行效果来看是非常令人惊喜的,这种定量化成果跟进报告使得各地线上的教师培训工作信息化程度、管理的细化程度大大提升,批量操作的难度大大降低,令人欣喜。至于大量的数据收集则是非常有挑战性的,一方面在于技术创新挑战,另一方面在于人力支持的挑战。未来这两方面的挑战将会一直存在,需要一直探索前行。

(三)问题的沟通及解决机制不够科学、时效性不够

参与各方都有自己的诉求:公益的、学术的、商业的、研究的,因此青椒计划项目在问题的解决方面一直非常纠结,一方面我们的项目越来越大,无论是学员人数上,还是参与方数量上;另一方面,项目产生的影响力也越来越大,因此对于专业性、科学性、美誉度要求也越来越高,对于解决问题的沟通要求也越来越高,频度、强度都越来越高,而这方面我们做得并不够。科学性方面也有待专家探讨,专家委员的时间有限,基本上只能看一些项目组文件和口头汇报,片段式地截取一些信息作为评审依据,不够科学严谨。另外,在时效性方面,因为项目的推进节奏主要为线上授课,线下偶尔走访,所以时效性表现较差。2017至2018学年开展了几次活动,其余活动都处于停滞状态,令人唏嘘!

(四)参与人数的体量巨大导致操作问题的指数级放大

青椒计划的参与人数覆盖了全国的23个省、249个区县,近6万名青年教师,体量的逐年增长使得项目在操作层面的问题呈几何倍数增长:课程不断丰富,讲师不断增加,直播课程页面上可重复播放课程的点击量不断攀升,使得平台的承载能力越来越受到挑战,而这个技术问题也持续地影响着项目的推进效果和学员的参与体验。

(五)受益人群对项目需求的复杂性使得项目任务更加艰巨

青椒计划的受益人群越来越年轻化,来源越来越复杂化,接受过师范专业培训的学员比例越来越低,因此对讲师的要求越来越高。对于乡村青年教师来说,生活在乡村的成本越来越高,在结婚、生子、其他发展方面的诉求越来越高,这也使得

群体流失率越来越高，我们所希望的，通过培训给学员们带去更多的信心、能力、支持的愿景实现起来越来越艰巨。

四、未来的优化方向

（一）及时反思和总结，边战边建边优化

这是一个在持续更新中的项目，一方面由于学员数量的持续增长带来了非常多的相关数据，另一方面如此庞大的学员数量也从教育教学、科研分析、重组解读等角度给项目带来了非常多的挑战。建议青椒计划秘书处组织更多专家委员对项目组的产出进行科学研究，并提出优化建议。同时，在项目的不同环节进行微调以求边战边建，让所有项目产生的数据能够及时得到分析，其背后所反映的问题能够得到及时的回应，这样才能让项目得到更及时的优化。

（二）项目科学化管理，打造标准化管理

1. 顶层设计将更加科学严谨。

包括课程、运营、评估、传播的设计要更加规范。科学规划意味着整个项目要快速有效地调研、讨论、设计、研讨、推进、动态调整、结果分析、过程监测、第三方评估、总结汇报，所有流程都应严谨规划，所有环节都要有指导手册。

2. 操作实施过程更加规范标准。

这里建议所有的操作都要符合一定的项目逻辑框架，所有环节去个人化，有标准数据和指标作为指导，充分借鉴商业机构在课程发布、作业收集、社群运营、信息发放、学情分析、问题指导、激励成长等方面的操作经验，打造和优化现有的课程平台、数据平台、管理工具，让所有数据活化成为指导项目成熟、发现和解决问题、分析发展轨迹的重要依据，使项目不断被打磨，成为科学严谨的互联网表率项目。以上所有环节应有相应的指导手册或操作流程图。

3. 为所有合作者绘制岗位职责图谱。

因为青椒计划是一个多方参与的集合影响力项目，每个相关方都有自己的角色定位，因此建议秘书处为各个参与方打造相应的使用图谱，这样既可以让所有的参与方更加明确参与的价值、方法、边界，也让所有参与方更加聚焦于青椒计划的总目标，有效地共同执行推动青椒计划在所有环节的协同。具体应用人群建议：课程设计专家（包括所有课程大纲参考、课时计划、应用人群画像等）、管理员（秘书处成员、区县管理员、助教管理员、技术管理员、传播管理员等）的操作图谱、各

机构合作伙伴（分科课程、渠道协同、传播协同、评估合作、活动合作、联合筹款等）的操作图谱。

4. 更加细致地打磨专业化操作团队。

在秘书处的管理成员应当具有更加多元的跨界能力。作为一个教育公益项目，其团队建构应当囊括教育学、社会学、管理学、评价研究学等有专业能力的成员。这一方面是保证项目在推进过程中的及时思考和反馈，另外一方面是保证项目在调整中保持教育公益项目的效果。而作为青椒计划设计建构和运营管理的统筹方，秘书处应对各个合作团队应给予更多支持，包括为支持项目人员提供资金、学习机会、跨项目组成员沟通、国际间项目交流、融合性训练、教育项目专项研究等活动，使所有项目参与成员都能够参与到不同操作环节或管理模块的学习和提升中来，加强项目的真正融合及目标协同。

（三）加强沟通协同，建立和优化各级各类沟通及协同工作机制

1. 建立战略总规划论证月活动。建议在每年度项目开启前三个月，开启战略规划月活动，这样便于做项目升级的战略讨论、制定和调整。

2. 优化沟通机制。建议优化秘书处核心方每月沟通项目进展的机制，线上线下均可，也可以是 Newsletter 形式。

3. 优化月度进展通报机制。建议秘书处对每月青椒计划最新进展公示进行优化，包括授课情况、活动图片、内外部交流、筹款进展、影响力传播等内容。建议秘书处优化每季度和每学期召开区县管理员沟通会，通报各地组织青椒计划学员参训情况，协同督促学习和活动开展。

4. 优化学年总结表彰机制。建议秘书处优化每年度总结和评优活动，对于候选人选拔、公示、普惠形成标准化操作，动员整合更多力量助力评优工作，尝试引入企业、政府、爱心人士以配比的方式，多渠道、多维度奖励优秀学员。

总的来说，青椒计划在打造中国版本的集合影响力方面的确进行了成功的探索。首先，非营利组织友成企业家扶贫基金会作为秘书处核心，联合了政府相关部门、学术机构、企业、评估机构等组织，所有参与方都达成了一个共同愿景，那就是提高乡村青年教师的能力；其次，多领域、多组织单位形成了多层管理服务结构，形成了共享责任网络，相互协作、共同解决问题；再次，在 2017 年至 2020 年三年中，共有近六万名乡村青年教师参与了青椒计划项目的培训，产生了海量的数据信息，在充分分析、应用数据方面仍然有巨大待挖掘的研究和开发价值，同时在

传播影响力方面仍然有非常大的参与人员数据信息的商业潜力可挖掘；最后，青椒计划是一个教育公益项目，作为一个为政府拾遗补缺的项目，在乡村教师中有非常大的需求，建议坚持耕耘下去，坚持长期主义，成为中国教育公益项目中独树一帜的优质的集合影响力项目。

凝研究之力 聚协作之果
——谈青椒计划中专业团队建设路径

北京师范大学教育学部 侯淑晶

项目实施专家团队建设及其作用的发挥是保证项目实施质量的关键。培训专家团队的组建，不只是聘请一些专家，而是通过各种专业的合作，在项目实施中发挥团队的作用和力量，构建真正的专业发展共同体。

青椒计划启动后，专家团队建设及其作用的发挥是保证青椒计划实施质量的关键。基于北师大平台组建的专家团队基于长期的专业实践，对服务对象的真实需求做出精准的分析，遵循"基于研究的公益项目设计"理念，根据对象需求设计科学的、能真正提升其自主发展和自我造血能力的学习方案，同时对青椒计划公益项目实施进行质量监控、实现专业引领公益，这是规范各社会组织的一种公益专业活动，也是提升公益专业度的关键途径。

在组织和实施青椒计划项目过程中，在专家团队组建和整体作用的发挥方面，我认为，以下几个方面的做法和经验可以与大家分享。

一、设立首席专家，组建高水平的课程研发团队

课程设计是青椒计划课程实施的开端。在整体课程实施过程中，设计是否专业，是否把握住了青椒计划学员不同区域、不同层次等对象的问题与期待，这是相当重要的。项目专家团队实行"首席专家负责制"，首席专家既是青椒计划项目专业负责人，又是专业团队的组织人、协调人和联络人。

首先第一重要的工作就是要对青椒计划学员进行深度的需求分析。首席专家组织专家团队，对于青椒计划面向的学员，通过文本资料分析、问卷调查和访谈等多种方式，进行深度的需求调研，做好面向学员的需求分析，比如这一群体目前普遍面临的困惑和问题、希望通过学习解决的问题清单以及学员专业发展特点等。在调查研究基础上，诊断出不同专业发展阶段教师教学中的真问题，梳理其发展的共性需求，再对教师作为成人学习者的特征进行分析，同时结合线上学习的特点，以此为切入点、以问题解决为目的确定对象的培训专题和发展定位，确定适合青椒计划

项目实施的课程体系，包括课程专题模块、每一个专题里面包含的主题名称以及相应的主题内容。

其次，在深入学员分析基础上，专家团队针对乡村青年教师在入职初期急需规范化、系统化、科学化的专业引领这一核心需求，基于"活学活用、学以致用、即学即用"的原则，从理念与情怀、知识与理论、实践与技能三个维度设计了系统的课程，切实为乡村青年教师提供专业、精准和持续的专业发展支持。理念与情怀模块课程主要是提升乡村青年教师的师德素养、教育自信；知识与理论课程模块主要是介绍教师所应掌握的教育学、心理学知识与理论；实践与技能课程模块主要邀请一线的优秀教师分享可以直接在课堂教学中运用的实用技能。

再次，基于需求分析基础上的课程设计确定后，首席专家组织不同领域专家对方案进行论证，主要是对于课程实施专题、主题以及主题解决的问题和内容进行论证，再次确定青椒计划具体课程设计和授课的具体内容。

二、立足授课专题，建立专业化的课程实施团队

课程设计确定后，如何组织一批专业的课程实施团队，通过共同目标聚合成一个整体实施课程也是至关重要的部分。

首先，在组建授课专家队伍时，考虑的第一要素是彻底打破传统的、封闭的培训系统，坚持开放的培训理念。青椒计划授课专家团队是专业化、多层次的优质授课专家团队，大力度和大跨度地加强全国优质师资的整合与利用。比如，大批北京乃至更大范围的高校、科研院所专家和优秀的一线中小学教师为农村教师发展提供了无尽的优质资源，让优质教育资源服务于最需要培训的乡村教师，并由此实现广大农村基层教师的跳跃式发展，加速教育均衡发展步伐。这种授课专家层次多元，由高校教授、教研员、一线优秀的教师等联合组成，充分体现理论与实践相结合的原则，可以说是青椒计划专家团队的最优化组合。

其次，授课团队建设的第二要素是要考虑专家讲座内容与培训主题和学员需求的契合度，这是影响青椒计划项目实施效果非常重要的因素之一。专家授课内容既不能是高深的理论，让学员感到遥不可及，又要对学员有引领作用，对实践有指导价值，激发他们的学习兴趣。因此，在组建授课专家队伍时，要考虑授课教师既要是在平时项目过程中长期积累、获得学员认可的优质团队，同时也要注重开发新的授课专家团队资源，尤其是扩充年轻教师队伍资源，这是保证课程质量以及满足学

员需求的关键。

再次，如何保证授课内容的连贯性与一致性，这是项目授课团队考虑的第三要素。我们在这一环节，采取的是集体备课的方式。授课之前的集体备课，保证了项目共同价值的形成，也对培训效果的有效监控起到了良好的促进作用。通过集体备课，明确培训主题的内涵、学习方式等基本特点，每位专家在此基础上构建相应的专题、具体授课内容和细节，包括现代信息技术的准备、课程标准的学习与领悟、对教学目标的认识和定位等，从经验化、随意化到专业化，经历了一个发展过程。

三、基于教师学习，建构多元化的课程评价专家团队

青椒计划课程经过建构、实施，到底效果如何？毫无疑问，建构一支专业化的课程观察和评价小组至关重要。因此，在课程实施的初期就要建设一支专业的课程观察小组对课程设置以及授课专家团队进行实时评价与监控。

第一，评价监控小组成员组成多元化。具体包括：来自北师大与其他高校的教育研究者；来自北京与其他地区优质中小学的优秀一线教师；来自乡村地区的教育行政人员；来自乡村地区的教研员；来自乡村地区的教师代表等。

第二，评价反馈贯穿课程实施全过程。观察小组编制课程实施前、课程实施中、课程实施后的调查表，包括编制评价反馈表、编制专家和授课教师的评价表等，对整个课程实施质量进行全面监控，同时在课程实施期间，定期与不定期地通过微信、邮件等方式与学员、授课教师、课程设计人员等进行访谈与交流活动，搭建课程实施过程中的网络交流与反馈平台，随时进行课程实施管理，保障课程实施的质量和效果。

第三，对于课程实施随时加强专业指导。在课程实施过程中，评价与监控组专家深入实践，全程跟踪每一次课程，对课程内容和学员的适切性做出评价并反馈给项目课程设计组，课程设计组会据此与接下来的授课教师进行沟通，对授课内容、授课形式，乃至 PPT 制作、课程互动、作业布置等提出建议，保障每一次课程的质量。在进行专业指导过程中，专家对项目实施进行质量监控，并对项目进行深入研究，积极探索教师培训的有效模式和教师专业发展的有效路径。

青椒计划到底是否促进了乡村青年教师专业素养的提升？是否满足了老少边穷岛牧地区乡村青年教师专业发展的内在需求？影响乡村青年教师参与该计划的内外在因素有哪些？乡村青年教师有哪些专业发展的诉求？面临哪些挑战？……总而言

之，关于乡村青年教师的专业发展支持行动还存在很多可探讨的问题。

　　因此，在未来青椒计划课程建构过程中，要站在乡村青年教师专业发展角度，聚各方专业的"协同"之力，建构一批专业的课程实施内容与实施团队，这对于探索互联网信息时代背景下，促进乡村教师专业发展的课程体系建设的有效支持路径，造就一支素质优良、甘于奉献、扎根乡村的教师队伍，培育"下得去、留得住、教得好"的优质师资具有重要的实践与政策意义。

第三节　合作伙伴们说

以清华优质教育资源助力乡村教育扶贫

爱学堂 CEO　汪建宏

首先，感谢友成企业家扶贫基金会的邀请，让我有幸在这本书中，与各位教育同行者们分享爱学堂在乡村教育创新计划中的一些心得体会和实践经验。

回顾 2016 年 11 月，爱学堂与友成企业家扶贫基金会共同发起乡村教育创新计划（以下简称"计划"）。在发起仪式上，国务院参事、友成基金会常务副理事长汤敏，中国教育学会中小学信息技术教育专委会秘书长陈美玲，中国教育科学研究院研究员储朝晖共同见证了这一历史时刻。

在此之后，双方依托清华优质教育资源，发挥彼此平台优势，实现了跨地域、无限制优质教育资源共享的新局面，全面提升了偏远贫困地区基础教育质量。随着双方合作逐渐深入，也让更多乡村教师找到了更好的自己，让更多乡村孩子享受到了更优质的教育资源。

爱学堂作为清华控股旗下的基础教育企业，以"让亿万孩子同在蓝天下共享优质教育资源"为企业愿景，不断向社会输出清华优质基础教育资源，提升区域教学质量，促进教育公平。在"计划"具体实践中，充分发挥了公司在教育科技和教育内容方面的优势，让"互联网+教育精准扶贫"得到有效实施。

在三年合作间，爱学堂向各地教师和学生捐赠上万个学习账号以及丰富的动漫微课教育资源，为教师开展线上教学提供支持。动漫微课作为清华优质教育资源的全新展现形式，结合孩子们熟悉的互联网元素，利用电影工艺，将清华附小及其他名校教师提供的脚本制作成 6000 多节 3—5 分钟的动漫微课，激发孩子的学习兴趣和主动性。国家"三通两平台"政策实施以来，乡村学校已具备足够的网络硬件基础，但缺乏好的教学内容。动漫微课填补了此项空白，为乡村孩子开启了一扇崭新的学习窗口。2020 年，中央电视台 CCTV9 纪录频道推出了大型教育创新纪录片《育见未来》。在首期节目中，对爱学堂在线教育资源落地云南省南涧县山村学校做了详细报道。同样，在"计划"实施以来，动漫微课也成了我们开展扶贫工作的有效工具之一。

在爱学堂看来，教育扶贫不是盲目向前冲，要有针对性，对症下药。正如北师大副教授张生在"计划"发起之初提出的观点所说，乡村教育改革进行多年，各类实践纷纷向城市教育靠拢，唯独缺少对乡村教育特点真正深入的洞察和理解，因此，对乡村教育的准确定位是乡村教育实践的重中之重。教育项目是一个见效慢的项目领域，在具体的项目实践过程中，一定要注意项目的落地性和可持续性。

针对乡村教育的痛点，爱学堂做了大量的调查分析。在汤敏老师的带领下，多位教育专家与爱学堂教研团队深入乡村，走到教师身边，听他们所想，利用平台资源为他们提供多维度的线上线下教育支持，随着技术的发展，相信未来还会有更广阔的探索空间。

河北滦平县是双方开展精准教育扶贫的第一站。在为期两天的教师培训中，我们以最短时间提升当地教师教学水平，为滦平这个国家级贫困县引入了清华优质教育资源。受云南省教育科学院的邀请，爱学堂与友成基金会常青基金团队赴云南省禄劝县开展"云南省双师教学促进农村教师专业成长项目"培训会，并在随后开启了"双师教学"常态化的落地工作，促进乡村教育改革的深入探索。之后，爱学堂与友成基金会常青基金团队又转战内蒙古、甘肃、广西、贵州等地，涉及5省18县，面向人群涵盖教育局领导、学校校长、教师以及学生，通过教育信息化的讲解培训，积极推动乡村教育的发展。

线下培训收获累累，但这只是教育扶贫工作的一部分。针对全国教师需求，爱学堂持续开展线上培训工作，并开发百余节线上课程。同时，爱学堂还公益支持了第一届、第二届"常青好教师"互联网教学技能展示大赛的开展，提供了可供参考的线上课程。2020年，爱学堂针对特岗青椒计划开展了一系列的线上培训。清华大学计算机系博士后、爱学堂副总裁师雪霖为所有理科综合教师进行了首次授课，标志着常态化分科培训正式启动。同时，爱学堂计划组建更多优秀教研员老师针对教学平台使用操作方法、教学教研、3+5混合式教学范式等多方面内容，为特岗教师打造开放式的沟通成长平台。

"计划"实施以来，我们也有幸获得了众多乡村教师的肯定。2021年2月，贵州省贵阳市息烽县石硐镇木杉小学的徐萍老师在给汤敏老师的一封信中提到了爱学堂动漫微课在当地的应用情况。徐老师所教的三年级一个班16个孩子仅用了几个月的时间，就完成了本年级数学下册的全部学习内容。徐老师还有个大胆的想法，她希望学生利用爱学堂资源实现自我学习，而老师由教授者变成引导者和陪伴者。徐老师计划让孩子们用三年的时间把小学六年的数学课程学完，其余时间就用来大量地阅读课外书，如果有兴趣也可以尝试去自学初中的课程。

在这封信中，还有一些话让我不禁动容与深思。随着城镇化建设不断加快，徐老师所在的木杉小学学生从兴盛时期的两百多人减少到现在不足一百人。好的老师留不住，有能力的家长也都带着孩子去乡镇买房陪读，留在乡村的大部分是年老体弱的老人和无法走出大山的中青年。这些留守儿童的家长，大部分人连"火车站"三个字都不认识，可想而知他们对教育的理解。木杉小学这个村级教学点就是中国偏远乡村学校的缩影，承担着部分弱势群体子女的教育。而这样的群体，应该是最需要重点关注的，不仅因为这些孩子肩负了一个农村家庭改变命运的希望，而且因为他们受教育的程度决定了国家整体教育水平的状态。

像木杉小学这样的案例，在中国还有许多，也正是因为有了这些需要帮助的人群，社会多方的教育扶贫工作才显得迫切与至关重要。习近平总书记曾谈到过教育上的"马太效应"：越穷的地方越难办教育，但越穷的地方越需要办教育，越不办教育就越穷。这种"马太效应"，实际上也是一个"穷"和"愚"互为因果的恶性循环。所以，我们必须站在经济、社会发展战略的高度来思考教育问题。国家脱贫攻坚战取得全面胜利，防止返贫仍然是重要任务。教育扶贫愈发重要，古人提出的"敬教劝学，建国之大本；兴贤育才，为政之先务"很有历史预见性，人才兴旺就是科技兴旺、经济兴旺。经济靠科技，科技靠人才，人才靠教育。教育发达——科技进步——经济振兴是一个相辅相成、循序渐进的统一过程，其基础在于教育。

乡村教育创新计划正是在社会发展的大背景下，响应习近平总书记号召，通过一系列举措，不断地去改善乡村教育，减少并消除"马太效应"的负面影响。爱学堂很荣幸能参与其中，成为推进中国乡村教育改革中的一颗螺丝钉。

让每个乡村孩子都能接受公平、有质量的教育，阻止贫困现象代际传递，是功在当代、利在千秋的大事。教育扶贫的道路还很长，我们要做的事情还有太多。爱学堂作为美好教育赋能者，将携手友成企业家扶贫基金会继续深入乡村，为大山里的老师与孩子们带去优质教育资源，构建现代化教学平台，插上改变命运的翅膀。同时，我们也呼吁更多社会机构加入到教育扶贫的队伍中来，成为改变中国未来教育发展的坚实力量。

AI 课程帮助乡村学生重燃学习兴趣

洋葱学院　杨临风

乡村学校的学生普遍基础薄弱，而且更容易厌学，越不学成绩越差，成绩越差越没兴趣，形成恶性循环。对于乡村青年教师而言，如何让自己班上的学生重燃对学习的兴趣，并且快速补足薄弱的基础，是非常让人头疼的问题。

洋葱学院专门解决学生不爱学、老师教不好的问题。在过去的七年间，洋葱学院自主研发了超过 3600 节 AI 课程，从数理化到语文英语，从小学到高中，覆盖了多个学科学段。这些课程由毕业于哈佛、杜克、北大、清华的教师与退休特级教师、教研员集体设计，采用生动的动画形式呈现，通过幽默科学的语言，把知识深入浅出讲明白。而且，课程的难度由浅入深，从最基础的概念课的讲解到中高考大题都有覆盖。遇到抽象的数学概念，用具象的图形旋转、等式变形、思维导图等可视化元素帮助学生想清楚；遇到自然科学的实验，用更富想象力的方式把实验拍得更好玩；趣味与核心素养相融合，让学生知其然也知其所以然。

有了这些 AI 课，教师上课变得更有把握了。遇到抽象的知识点，放一小段洋葱学院的 AI 课，学生有兴趣看而且很快能听懂。老师备课时提前看，学到了很多实用的教法。在部分学校，老师还把 AI 课和练习任务在机房里布置给学生，即使在乡村学校也能实现数字环境下千人千面的个性化学习！

除了提供 AI 课程直接用于教学，洋葱学院还专门开发了面向乡村教师的信息化教学实践课程，帮助乡村青年教师理解信息化教学，理解课程核心素养，理解认知心理学，并且将其所学马上运用到第二天的课堂中。

一、与青椒同行

洋葱学院成立于 2013 年，运用认知科学和智能技术开发与课程标准及教材同步的中小学 AI 课程，为学生和家庭提供在线课程、智能练习、问题解析、学情分析等多元化的智能教育服务，同时为教师与学校提供信息化教学实践课程及平台。平台累计学员突破 4600 万，教师用户超过 170 万，覆盖全国 2800 余个区县的 21 万所中小学校，并被北大案例研究中心正式确定为教学研究案例。

早在成立前的一年，洋葱学院的创始团队就与友成基金会结缘，在多个项目上开展合作。青椒计划成立时，洋葱学院也从一开始就成了参与伙伴，并连续三年承担了青椒计划的中小学数学分科培训，共开设了 72 节中小学数学信息化教学课程，服务了 7563 名乡村教师，课程被累计观看 31791 次，参与培训的教师主动完成了上万次图文打卡和毕业教学设计。

老师们非常喜欢洋葱学院的课程资源，并希望给自己的学生使用。所以我们一方面培训教师，一方面还捐赠课程和服务，为所有参与分科培训的乡村教师捐赠了总价值 256 万元的中小学数学、物理课程，支持教师把培训内容落实到日常教学中，既送培训也送工具，包教包会。

二、洋葱学院的初心

洋葱学院的创始团队在创办洋葱学院前，全职从事教育公益事业。用科技缩小城乡教育差异、促进教育公平是我们的初心和使命。洋葱学院积极响应国家精准扶贫政策，履行互联网教育企业的社会责任，在公司创立初期便发起了教育公益项目"洋葱助教行动"，通过信息技术推动优质教育的个性化和普惠化，长期向全国乡村地区学校师生免费提供全套 AI 互动个性化学习产品及资源、常态教育信息化培训、教研与教学创新培训等服务。在帮助乡村学校进行教师队伍建设的同时，让乡村学生享受到优质教育资源，促进教育均衡化发展。

截至 2020 年 10 月，"洋葱助教行动"项目已累计支持 53765 名乡村教师，覆盖 29 个省市的 32910 所乡村学校。公司教育扶贫行动先后被中央网信办评选为"2019 网络扶贫典型案例"，并在 2019 年入选国务院扶贫办（现为国家乡村振兴局）发布的《企业扶贫蓝皮书（2019）》优秀案例。

三、"洋葱炒青椒"：融合信息化教学、学科知识和教学法的乡村教师培训课程

洋葱学院与青椒计划的联合很受老师们欢迎，被参与计划的青椒学员们亲切地称呼为"洋葱炒青椒"。我们提供了哪些课程呢？

乡村教师面临的教学场景复杂，班级学生两极分化严重，教师接受优质专业培训的机会也相对更少。对此，洋葱学院教研团队面向参与青椒计划的乡村教师，专门定制了数学分科培训课程，帮助教师解决教学问题，有效提升乡村教师教学水平。课程由洋葱学院教研顾问、原人教版课程标准实验教材培训团专家、原北京市数学学科带头人王玉起老师，以及原人大附中西山学校数字化学习项目负责人、洋

葱教育研究院院长金政国老师主持研发，由洋葱学院教研团队专家及具有丰富信息化融合教学经验的讲师授课，提供专业的信息化数学教学培训。

洋葱学院为乡村教师定制的信息技术应用能力提升课程的设计，基于国际通用的教师信息化教学能力提升体系 TPACK 模型设计，基于教师在"学科知识""教学方法""信息化教学知识与技能"三个方面的融合和能力提升，分为：

（一）融合信息技术的教学能力概述

实现信息技术与课堂教学的有效融合，是实现课堂教育信息化的必经途径。教师在信息化背景下需要具备什么样的知识？如何指导技术与教学进行整合，并对其达成的成效进行评价？这些都是教师在这个模块要掌握的内容。

部分课程示例：

- 如何解决乡村学校常面临的教学问题
- "三环五步"教学模式培训课程，有效提升教学效率
- 如何利用信息化工具和资源，做好分层教学，解决两极分化问题

（二）不同教学场景的学科教学知识

这个模块为教师培训并展示在不同的课堂教学环节中，如何用好信息技术手段，使课堂变得更高效。

部分课程示例：

- 融合信息技术的教学环节之课堂导入
- 融合信息技术的教学环节之课堂讲授
- 如何提高课堂小结的实效性
- 基于学生认知规律，做好有效的课堂提问

（三）基于学科理解的课程单元教研

这部分课程设计，通过课标解读、学习目标来深度剖析教学教研内容，并结合具体案例，分享如何利用 AI 课程解决本模块教学中的重难点。

部分课程示例：

- 融合微课的数与代数教学——数的认识及运算：小数、分数、估算意识
- 融合微课的图形与几何教学——图形的认识、度量意识
- 融合微课的概率与统计教学

这一系列分科培训课程在每个学年的下半学期开展，每周进行一次授课，连续三届青椒计划共开设了 72 节课，旨在帮助乡村青年教师全方位地提升自己的学科

教研、教学设计、课堂讲授及信息化教学能力,以期在培训结束后,教师能结合信息化工具与资源进行学科教研,更流畅高效地开展数学教学。

四、共教共学,陪伴成长:AI 课程及配套捐赠、"青椒"教师专属社群服务

在分科培训课程之外,洋葱学院也通过"洋葱助教行动"为"青椒"教师捐赠了价值 256 万的洋葱学院平台与课程,提供全方位教学支持。内容包括 AI 课程资源、学生学习资源、配套学案和习题、自适应学习平台、教育生态应用、物理实验课程、教学能力培训、乡村教师社群服务。通过全方位支持乡村教师的教学和个人发展,让教师获得自我提升,也让学生对学习更有兴趣,对知识的理解更清晰。

(一)AI 教学资源:校内同步动画课、配套学案和习题,帮助教师教学

洋葱学院自创立以来,长期专注研发能够激发学生学习兴趣的 AI 课程,全部开放给参与青椒计划的教师免费使用。这些课程的设计以学生为中心,围绕学生的认知特点、认知规律,打造让学生主动爱学,并且"一学就懂"的优质内容。课程体系遵循国家课程标准,结合学科知识、考试评价进行深度教研。每节课 5—8 分钟围绕一个知识点或思维点展开,将抽象概念可视化,帮助老师解决"一支粉笔难以解决的问题"。通过趣味动画微课、即时交互反馈和配套习题,帮助学生打通关键认知环节,确保学生对知识的理解和巩固,激发学生对于知识的兴趣。

(二)教育生态应用:教师教学的脚手架,优化教学流程

参与青椒计划的教师通过使用洋葱学院的 App 或 PC 版上课,无论处于什么样的教学环境下,都可以根据实际情况在课前、课上和课后开展个性化教学。学生则可以通过提前预习或课上翻转,结合个人进度进行个性化学习。洋葱学院的教育生态应用可以根据学生的完成进度,以可视化的数据展示不同层级学生的知识掌握度,帮助教师开展精准分层教学,从而优化教学流程,实现师生的增效减负。

(三)共教共学,陪伴成长:青椒计划教师专属社群服务

每一位加入洋葱学院青椒分科培训的学员,都能够在青椒计划乡村教师交流社群里,获得洋葱学院专职助教团队的社群服务支持。助教团队会即时解答乡村教师信息化工具使用和教研教学相关问题,并为乡村教师提供信息化教学平台操作支持、教师教学指导、个人专业发展指导、公开课及教学展示课磨课指导等服务,切实帮老师提升教学效率。

五、"青椒"教师说：学生学习兴趣被激发、教学效果显著提升

连续三届为青椒计划教师服务的过程中，我们看到了参与青椒计划的乡村教师和他们的学生在数学学习兴趣、学习成绩、班级整体学业表现和教师信息化教学能力方面获得的显著成长及提升。

杜秀梅（第三届青椒计划学员，哈尔滨市双城区朝阳中心学校教师）：

2020年的上半年，由于疫情原因，学校不能开学，我们地区的学生整整一个学期都在家里，通过老师在线直播进行学习。从来没有直播经验的我却一点也不紧张，因为我正在参加第三届青椒计划的分科学习，而且这次数学分科学习的导师都来自洋葱学院。老师们丰富的线上教育经验必将给我带来极大的帮助。要知道，这些课程是多少洋葱学院老师们的心血呀！我能带领我的孩子们免费使用，是多么幸福的事情呀！

第一次给学生播放洋葱微课，学生就喜欢上了。那时的教学进度正好是第四单元，讲到两位数乘以两位数，用了洋葱微课以后，我就感觉学生对知识的掌握很透彻。第五单元是计算面积，我讲完后，学生练习时，还总是习惯把面积的计算写成周长的计算方法，我给学生播放了洋葱微课后，学生一下子就掌握了面积的计算方法。还有一些特殊图形的阴影面积，学生看过洋葱微课后，学会了用割补的方法计算面积，还有中间有小路的草地面积的求法等。这些都是在以往的教学中不易掌握的知识，如今通过观看洋葱视频，学生们也都很轻松地学会了。

每天课上放完动画微课，紧接着就去 App 里闯关练习，学生能快速做出答案，正确率达到了 80% 以上。课后，我再敦促不会的学生反复观看。有了洋葱的助力，我的课堂变得越来越受学生喜欢了。就这样，我持续使用了一个学期。在复习阶段，我天天领着学生用洋葱微课复习重点知识。7月6日上午期末考试，下午成绩出来后，我大感欣喜：全班26人，有6名学生满分，有11名学生90分以上，有6人80分以上，剩下3人70分以上。平均分91.64分，比上学期期末的平均分提高了7分！

李云跃（第一届青椒计划学员，云南省曲靖市富源县营上镇大栗小学校长）：

洋葱学院我们已经用了一个学期了，上课不用洋葱学院，总觉得没讲透，没趣味，师生已经离不了了。

大栗小学是一所地处山区的乡村完全小学，全校约 130 名学生，每年级只有一个班。除了当校长，李云跃还同时负责六个学科的教学，日常工作和教学压力都很大。2017 年，李云跃老师参与了第一届青椒计划，也成了"洋葱"助教。在青椒计划的培训和分科项目团队的支持下，李云跃校长所带的班级数学成绩从全镇第五到全镇第二，不仅为大栗小学的教师们开创了一条信息化教学道路，也把他的经验分享给了越来越多的教育工作者，带动了全国其他地区乡村小规模学校的校长参与洋葱助教行动，提升学校教学质量。

2019 年教师节，李云跃老师的事迹被《南方周末》报道。李校长还在第五届中国教育创新成果公益博览会上向全国各地的老师和教育局领导分享"村小如何搭乘 AI 时代的'教育高铁'"。

获得高质量的教育是乡村学生改变命运的前提，也是社会实现可持续发展的基础。在未来，洋葱学院希望和青椒计划一起，联合社会多方力量，以信息技术深耕教育内涵，结合乡村条件沉淀指导实践的解决方案，共同赋能乡村教师，推动乡村教育更好发展，让农村老师和孩子也能享受最好的教育资源。

愿做"青椒"坚定的后盾

三三得玖　王锦国

历时三年，青椒计划已在全国各地落地生根、开花结果了。在这场基于互联网的大规模社群化教师成长活动中，乡村教师已经不再是孤岛式的群体，而是有能力联结更多教师、更多教学资源的参与者。在这个互联互通的时代，一场由乡村教师践行的，具有深远意义的"互联网+教师教育"的创新行动，正以前所未有的速度扎实推进。前路曙光初现，后盾依旧坚强。

一、教育大计，教师为本

"百年大计，教育为本。教育大计，教师为本。努力培养造就一大批一流教师，不断提高教师队伍整体素质，是当前和今后一段时间我国教育事业发展的紧迫任务。"党的十八大以来，以习近平同志为核心的党中央高度重视教师队伍建设问题，并在不同场合多次强调教师工作的重要意义。

纵观中国的教师培训，因各地经济发展不平衡、教育发展水平不一，师资培训的进度也大不相同。目前最亟待接受专业化培训的是我们广大的乡村教师。经调查显示，乡村青年教师的来源一般包括中等师范学校和中等职业教育学校毕业生、二三本和专科师范院校毕业生、其他高等院校毕业生，一本院校毕业的则凤毛麟角。许多大学毕业生不愿意去艰苦偏远的农村，而不少人考上教师后，只把教师岗位当跳板，一边工作，一边报考公务员和事业单位考试，考上后就辞职，心思放在教学上少。除此以外，每年都有不少青年教师找关系进城。乡村教师所面临的待遇不高、条件艰苦、与外界的联系少、发展空间不足、缺少必要的专业支持等诸多现实困境，是导致他们"下不去、留不住、教不好"的重要原因。

如何以教育信息化推动乡村教育现代化，全面提升乡村教师能力素质，尤其是以信息技术能力破解乡村优质教学资源不足的难题，建立教育行业的朋友圈，扩大乡村教师社会交往和实现自我成长空间，完善教师待遇保障机制与收入分配激励机制，成为眼下大家共同思考的问题。

二、凝聚多方力量，助推青椒计划

针对乡村青年教师在入职初期急需参与规范化、系统化、科学化的教师培训，特别是偏远乡村利用互联网参与学习、交流的需要，2017年在教育部教师工作司的指导下，由友成基金会、多家教育公益组织、高校及教育类企业等共同发起了一个公益项目——青椒计划。青椒计划采取"互联网+教师教育"的方式，有效解决了乡村青年教师工作学习面临的诸多问题和挑战，并为教师提供了大规模、低成本、高效能的成长方案。

三三得玖教育有幸成为最早的30余家联合发起单位中的一员，同其他机构一起充分发挥自己的"长板"作用，有钱出钱、有力出力、有资源出资源，通过打造集合影响力，帮助乡村教师在互联网时代快速成长，为广大乡村教师提供专业、前沿、可持续的专业培训支持，开创了乡村教师大规模社群化学习的先河。青椒计划提供大量丰富的课程，采用互联网社群化学习模式，极大地激活了乡村教师的参与热情。

青椒计划自启动以来，始终致力于以创新融合的机制，以开放、协作、共享的精神聚合政府、企业、社会的资源，为教育精准扶贫、青年教师成长、乡村教育底部攻坚提供大规模、低成本、高效能的解决方案。历时三年，青椒计划在很大程度上让最渴望培训、却少有机会参与培训的教师群体受到了持续的、全方位的关注，得到了前所未有的来自各方的关怀与支持。一路走来，优秀学员在教育理念、业务能力、教学方式、思维模式等方面得到了极大提升，数百万教师正因青椒计划而改变，一支支素质优良、甘于奉献、扎根乡村的教师队伍如春笋般崛起，为实现教育现代化提供强有力的师资保障。

三、不负教育初心，勇担社会责任

三三得玖教育深刻认识到青椒计划不仅是一次教师教育模式的革命，更将是一次社会组织方式的变革。作为一家互联网教育企业，我们有责任也有义务借助互联网信息技术推进教育教师培训，培养出更多优秀的乡村教师，聚合更多的教育资源，完善乡村教师的社交网络和成长空间。三三得玖教育在过去的三年间为该计划提供了有力的资金支持和技术支撑，成为该计划执行的坚强后盾之一，为教师"下得去、教得好、留得住"的理想做出了自己应有的贡献，取得了比预想好得多的成果。三年来，青椒计划规模不断扩大，培训也逐渐深化，展现出极其蓬勃的生命活力。在未来，我希望看到更多乡村教师加入到"青椒"行列，全身心投入到学习培训中，提高专业素养和技能，为个人职业发展和祖国乡村教育事业积蓄力量，我相信，我们将看到教育更宽阔的未来。

企业的未来靠创新，民族的未来靠教育。企业担当社会责任义不容辞，教育是公益重中之重的领域。"教育兴邦，企业有责"，如果说公益慈善是企业长期的责任和目标，教育兴邦就是企业始终关注并践行的重要内容。

三三得玖教育作为一家具有高度社会责任感的企业，助力教育只是其社会责任的一个缩影，我们会坚守初心，将公益进行到底，坚信为了美好的明天必须坚持共享发展理念，帮助解决我国教育资源分配不均衡等问题。未来，三三得玖教育将继续加大在教育慈善领域的投入，并继续将公益慈善事业作为企业发展的重要组成部分。

专注于赋能教师的学科培训

爱学习集团

扶贫先扶智，扶智先强师。让贫困地区儿童接受良好教育，是阻断贫困代际传递的根本途径。乡村扶贫的重点在教育，乡村教育的关键在教师，乡村教师专业素质不高，学习发展机会少是目前最紧迫、最需要解决的问题。

2017年，爱学习教育集团正式加入青椒计划，以师资优势和科技优势共同探索互联网时代大规模社群学习的乡村教师培训成长新路径，解决乡村青年教师工作、生活中面临的诸多问题和挑战，提升教学质量，稳定教师队伍，促进乡村教育发展，真正为赋能中国乡村教师做了一件很有意义的事。

在青椒计划中，爱学习的老师们通过线上直播授课的模式，为乡村青年教师，尤其是特岗教师提供为期一年的、社群化的、规范的系统性培训，以帮助乡村教师能够更好地站上讲台，提升教学能力，更好地帮助乡村孩子提高和成长。

孙博悦是爱学习教育集团的一名初中语文老师，主要负责初中语文教研工作，谈起自己加入青椒计划的初衷，她说："促使我加入青椒计划的原因有很多，但最重要的一点是希望能够为那些偏远山区的教师们赋能，这种赋能不仅针对教师，更针对孩子，我希望能够尽我所能为孩子做更多，因为教育不仅是工作，更是信念！"

在青椒计划中，让孙博悦感受最深的是乡村教师们的热情，虽然他们身处偏远的大山中，但他们勤勤恳恳、扎根大山，真正做到了燃烧生命，一切为了孩子。授人以鱼不如授人以渔，从这个角度来看，青椒计划的意义是非常深远的。"我相信通过大家的努力，未来教育资源的分配能够更加均衡，平等的教育之光能够洒遍每一个角落。"孙博悦老师这样说。

身为爱学习教育集团旗下高思1对1事业部的一名英语老师，郑雪梅谈起加入青椒计划的原因，说自己更多受媒体报道和支教电影的影响，一直觉得做公益是自己没有完成的心愿。一次偶然的机会，她参加了支教活动，在活动中帮助一线乡村教师做了一些经验分享，把自己的教学方法、资料毫无保留地分享给当地的老师们，并帮助孩子们买了一些教辅资料。她觉得这次有意义的活动间接实现了她的心愿，此后便开始了自己的公益支教之旅。

在郑雪梅看来，青椒计划是一项非常有意义的活动，这种线上的活动，组织形式非常灵活，可以有效节约老师的时间。"英语虽说是一种语言，但是其实也是一种文化，希望在这种文化的交流过程当中，让孩子们开阔自己的视野，了解外面的世界。这样，我们的授课老师就扮演了一个非常重要的角色。"郑雪梅老师说。她希望在课堂上运用多种教学方法吸引孩子们爱上英语、爱上学习，并希望如此有意义的活动能够长期举行。

作为国内领先的K12教育供给平台，除了为乡村教育提供最前沿的技术支持外，爱学习还有完备的教研教学体系，在人力物力上提供有力的支持。"公司的实力，是我们做好这件事的底气。"郑雪梅老师说。

当然，像郑老师这样的学科教师不止一位，目前，爱学习已有十余位老师自愿加入到青椒计划中。在疫情期间，很多线下课暂停，不得不转为线上课。线上课要比线下课更具挑战性，但大家爱心支教的热情不减，每期课程都有将近两百名孩子参与。当问起为什么这么拼的时候，老师们的回答让人心生敬意："如果通过我们的努力，能够分享一些北京的授课模式与创新探索，为贫困地区的孩子带来改变的话，是一件非常令人激动的事情，希望真正帮助贫困地区孩子的成长。"

作为一名培训师，宋一名老师希望为孩子们提供更好的学习环境。当听说青椒计划是给特岗教师分享一些授课经验和案例时，他觉得这是一件非常有意义的事情，于是就积极地参加了。"我相信这是一个可以让更多孩子享受到教育公平的平台，并且这个平台正在变得更加有效，更加完善。参加青椒计划对我们自己来说也是在做一次系统性的教学反思，对学员来说可以吸收一些不同的学习思路，提升自己。"

自成立伊始，爱学习的血液里就流淌着开放与分享的基因。从十年前共享教研教学资料，到如今的共享师资和平台资源，爱学习希望尽自己最大的能力传递知识和力量，分享先进的教育理念、教学知识和经验，帮助到教育资源相对匮乏的边远山区，为乡村老师提供系统的教师培训，为乡村孩子提供优质的教学服务，用爱筑就乡村的未来。

截至目前，爱学习加入青椒计划已经三年时间，每一期都会选取各学科最精英的教师加入其中，不仅包括语文、数学、英语、物理、化学等主学科，也有心理、艺术、文综素养、科学等老师们加入其中。爱学习希望携手友成基金会，借助青椒计划公益项目为偏远乡村教师赋能，让每一个角落的孩子都能够享受到更好的教育资源。

聚焦孩子健康成长，让每个乡村教师都能教好体育课

冠军基金

体育在全国大部分学校的学科教学中历来不受重视，乡村学校的体育教育更是面临师资紧缺、专业老师匮乏、能力与水平不足、场地设施匮乏等问题，导致偏远贫困地区的孩子们很难获得高质量的体育教育。2020年初，友成基金会副秘书长苗青老师联系我，说青椒计划今年要增设体育学科，邀请冠军基金加入。全国有很多致力于促进乡村地区教育发展的公益机构，但很少有将体育纳入其中的，因此我们欣然接受了邀请。

冠军基金发起人杨扬是我国首个冬奥会金牌获得者，她在23年的运动生涯里，共获得2个冬奥会冠军、59个世界冠军，但她觉得体育带给她更多的不是这些金牌和荣誉，而是教育，是体育让她成为一个合格的对社会有责任有贡献的公民。冠军基金成立伊始，就秉持"体育点亮未来"的使命，致力于通过体育促进儿童身心健康和全面发展，在成长过程中培养儿童具备冠军素质，追逐梦想。

体育是培养青少年、儿童综合素质的基础，对增进孩子身心健康、健全人格品质、锤炼意志、提升社交能力、塑造拼搏精神等方面都起到至关重要的作用，用我们做体育教育者的话来讲，体育是最好的教育。体育教育是实施素质教育、促进学生全面发展的重要途径，对于促进教育现代化、建设健康中国和体育强国，实现中华民族伟大复兴的中国梦具有重要意义。但长期以来，学校教育重文化学习而轻体育锻炼，使得我国青少年近视率和肥胖率居高不下，"小胖墩""豆芽菜""小眼镜"的比例不断升高，学生体质状况堪忧。正因如此，国家近几年来空前重视中小学体育教育，尤其是2020年，先后出台了《关于深化体教融合促进青少年健康发展的意见》《深化新时代教育评价改革总体方案》《关于全面加强和改进新时代学校体育工作的意见》等政策文件，将体育教育提升到前所未有的地位。这些政策的出台，让学校体育教育工作迎来了史无前例的发展机遇，让长期被边缘化的体育教师迎来了"春天"，但这也给从事和即将从事乡村学校体育教育工作的青年教师带来了巨大的挑战，因此可以说青椒计划体育学科的推出恰逢其时。

2020年3月，通过和青椒项目团队密切沟通，在充分收集、了解"青椒"学员现状和学习需求的基础上，结合冠军基金过往培训经验，我们迅速设计了课程体

系，并匹配了优秀师资，在春季学期推出了 10 节不同维度的线上直播体育课，获得了青椒学员的热烈欢迎和认可。10 月，我们又推出了秋季学期课程，服务于新一期的全国上千名特岗教师。期待未来，我们能继续与青椒计划一起，支持更多的乡村青年体育教师，让每个老师都能上好体育课，让每一个乡村儿童都能通过体育健康快乐成长。

有光的未来
——致乡村特岗艺术教师的一封信

益教室

可敬可爱的乡村特岗艺术教师：

你好！

我不知你因何来到这间小小的教室，让这方寸的深绿色黑板成为你火热青春里不可磨灭的背景。你把你的名字写在上面，把音符、节奏写在上面，把一个笑脸、一花一草画在上面，也把你的青春画在上面……孩子们的眼睛跟随着你、耳朵跟随着你、心跳跟随着你，看你画的、听你唱的，他们渴望着，在你的带领下，在这小小的教室里从"微光"变成"星河"，可以穿越这村庄、高山，去那个大大的世界里遨游。

你在孩子们眼中，是那个"不考试"的老师，却也是那个可能影响他们一生的人。做过几百套的数学考卷、背诵了几十回的知识点，在数十年后或许都会被遗忘，但一段音乐、一幅画、一段影片却可能成为孩子们未来人生中最难泯灭的记忆。而你，就是那个能给他们带去终生记忆的人！所以，请不要因为"小三科老师"这个名字而妄自菲薄，甚至放弃你最初对于教育的梦想，成为那个被占课后无力说"不"的老师、成为那个学生频繁生病请假的课堂的老师、成为那个只有艺术比赛时才特别"重要"的老师。你对孩子成长的影响，不在于教他们唱准一首歌的音调，也不在于一幅画临摹得像与不像。你对孩子真正的影响在于让孩子们建立对美的感知能力和表达能力，在于让他们拥有未来世界中，人工智能唯独不可替代的东西——那双发现"美"的眼睛和那颗感受"美"的心，他们将用这双眼睛去发现一切世间的美好，他们自身也会变得美好；他们将用这颗心去感受世间的温度并且去温暖世间。

有一位乡村特岗教师曾在参加过青椒计划美术教学培训后，给我们分享了一段这样的教学经历："有一次在绘画天空的时候，多数小朋友的天空都是湛蓝湛蓝的，可是就有那么一个小调皮非要把天空画成黑色的。这时旁边的小朋友就开始笑话他，纷纷起哄'博博的天空画得真丑''博博的天空画错了'。黑色的天空真的很丑吗？真的画错了吗？小家伙的眼中尽是疑惑和失落。这时我走到小家伙的身边，笑着轻声问他：'为什么你的天空是黑色的呀？'小家伙小声地答道：'云朵老师，我画的是晚上的天空，晚上的天空就是黑黑的。'"

如果你是这位老师，你是否会在看到一幅"黑色天空"的作品时这样轻声发问，给孩子一个表达自己的机会，还是会因为他不符常规而直接否定？每一个孩子都不一样，而我们往往只给予了一样的教育，对或是错，像还是不像，黑或者白……但人生的答卷，又怎么会只有判断、选择题？拿"高分"的人生，往往在于那几道需要用每个人都不同的"自己"去书写、阐述、论证的"问答题"。而这样的"自己"恰恰来自基础教育阶段这样"黑色天空"的发现、允许和鼓励！而这些，正来自你——每一所学校的美育艺术教师，你的"美好、丰富、无边界"，会带给每一个孩子"美好、丰富、无边界"的人生！

何其幸运，能通过这屏幕与千千万万年轻的你们相遇，我们遇见的是远在一座座乡村学校坚守着梦想的人；何其幸福，能通过这无形的网络与千千万万真实的你们相遇，我们遇见的是一间间教室里点燃希望的人；何其美好，能够在大千世界中与千千万万闪烁着微光、不肯因平凡而暗淡的你们相遇，只愿凭这点点星火，团聚成有光的未来。

关注乡村儿童营养健康，用爱心绽放每个未来

蒙牛集团

扶贫先扶智，扶智先强师。教育，是阻断贫困代际传递的最有效手段；教师，则是这一核心目标的关键基石。

在大凉山深处，有一群孩子过着"单色"生活，一双双明亮眼眸中透露出求知的渴望。在这里，还有一大批放弃大城市优越生活环境的支教老师，数十年来扎根深山，用青春和赤诚之心点亮大凉山孩子心中的星星之火，成为孩子们认知深山沟壑以外世界的桥梁。

目前，中国有近300万乡村教师，这些乡村教育的践行者，凭借着对教育的热忱和无私的奉献精神，擦去功利、写下真理、播种希望，用爱心和知识，为千万乡村孩子打开一扇窗、投射一束光，点亮他们的人生梦想，成为孩子们求知问道最温暖的港湾，带给他们走出困境、翻越崇山峻岭的勇气和底气，展现当代教师的高尚师德和责任担当。一个个乡村教育的"守门人"扎根乡村这片热土，不畏困苦，代代传承，用责任挑起了乡村教育的希望。他们有一个共同的期望，那就是消除乡村的教育贫困问题。实现这个目标，需要社会和有责任感的企业、组织和个人共同为之奋斗。

在大别山革命老区，有一位乡村教师用爱心和胸怀，风雨无阻，常年帮助一个家庭贫困、没有收入来源的四胞胎家庭。了解了这位教师与四胞胎家庭的感人事迹后，蒙牛承诺免费为四胞胎长期提供学生奶，并每学年为四胞胎兄妹每人资助1000元学费，为这个家庭带去重燃生活希望的种子，也为他们的爱心教师减轻负担。在甘南礼县，大量的留守儿童不但存在上学艰难、营养不均衡的问题，还要承担繁重的家务活，他们用瘦弱的肩膀扛起本不该属于他们的责任。为了给孩子们提供营养支持，蒙牛也开始为孩子们长期捐赠学生奶，一年又一年，收获了无数孩子纯真的笑脸和真挚的感谢。

图 2-10　蒙牛为四胞胎捐赠未来星学生奶，助力孩子们健康成长

朗朗的读书声日日回荡在我国乡村的角角落落，孩子们稚嫩的身体渴望更多营养与关怀。多年来，蒙牛"营养普惠计划"捐赠牛奶的脚步从未停歇，走过大雨中的泥土路、跨过汛期的大河、考察过汽车无法通行的山区，为困境儿童送去 2088 万份营养牛奶。通过这种朴实的方式，蒙牛用点滴营养，绽放每个乡村孩子的未来，让营养初心与公益初心共同守护国家每一个角落的成长。

图 2-11　蒙牛未来星学生奶给藏区小朋友送去营养与健康

站在新的历史起点，在后脱贫攻坚时代，乡村教育和教育扶贫也正在发生着深刻的变化，从有学上到上好学，从简单的保障教育机会到提供有质量的教学，核心和关键点就是乡村教师队伍的发展和建设，教师是提升教育质量的关键，也是未来乡村教育的重中之重。而青椒计划，正是聚合社会力量、帮扶助力乡村教师、与乡村教师守望相助的最佳平台。

　　从2019年起，蒙牛就与青椒计划正式开启战略合作，借助青椒计划这样一个平台赋能乡村教师。合作至今，蒙牛与青椒计划已为全国20个区县、每个区县约100名，累计约2000名乡村青年教师提供全年互联网在线教育。在与青椒计划合作的过程中，蒙牛不但见证了乡村青年教师的育人初心，也见证了青椒计划为乡村青年教师探索成长新路径的历程，也由此更加坚定了蒙牛持续助力教育扶贫、为乡村孩子提供营养与健康支持的决心。

图2-12　云南省富宁县木令小学"青椒"学员张庆平参与青椒计划直播课程

　　未来，身为这项公益事业的"合伙人"，蒙牛还将与青椒计划继续携手同行，在深耕公益的路上不断探索，在帮助乡村教师解决成长问题的同时坚持蒙牛"营养普惠计划"的营养助学，促进乡村教师与学生共同成长，从而助力我国教育总体实力的提升和教育事业的更好发展，为乡村教育的"最后一公里"贡献自己的力量。

　　蒙牛，不忘初心，助力乡村教师"为中国而教"，助力中国少年"为中华之崛起而读书"！

第三章 "青椒"成长全记录

我在路上,衣袂飘荡,长发飞扬
山东省日照市莒县峤山镇峤山中心小学　李秀琴(第一届优秀"青椒"学员)

"予独爱莲之出淤泥而不染,濯清涟而不妖,中通外直,不蔓不枝,香远益清,亭亭净植,可远观而不可亵玩焉。"素来爱荷,不只是爱它的亭亭净植、香远益清,更是爱它出淤泥而不染、濯清涟而不妖。而我,亦是喜欢以一朵荷的姿态,行于陌上,不卑、不亢、不惹尘埃,只是未免有些孤独。

一、回望来时路,目标在何处

岁月如梭,彼时,正是盛夏。

那时的天空,日照万里、酷暑难耐,但心里是美滋滋的。从教师招考的千军万马中杀出重围,挤过这座独木桥,成为"政府购买服务教师"。旁人抛来艳羡的目光,认为考上了就是捧上了"铁饭碗",尽管它算不上体制内的,但也心满意足了。

"安稳"的生活是轻松的,但那不是我想要的——没有所谓园丁光芒,每一处的风景,都不曾觉得美丽生动。

在这样的时光里,似乎找不到任何一种通往光芒的出口。也是在那时,开始按部就班地根据教育局要求,初涉青椒计划网络直播课程。

始料未及的是,结缘青椒计划,让我打开了一扇通往新世界的门。九宫格教育绘画故事,是对自己代课生涯的回顾,是一次总结,更是对过去的释怀。一路走来,更多的是辛酸委屈,也时刻告诉自己:心若向阳,无畏悲伤。在阳光铺洒的土壤下,学会向下扎根,果断而坚定。

成长就要能承受向下扎根时的平淡、寂寞与煎熬,把人生中的每一个困难都当成是"向下扎根"的挑战和机遇。勇于向下扎根,才能更蓬勃地向上生长!

二、愿得韶华刹那,开得满树芳华

青椒计划以"新木桶理论"为指导,通过"互联网+"方式联结优质的师资培训和课程资源,联结每一个愿意成长的老师,赋予他们前行的勇气,让每一位乡村教师身在井隅,也能心向璀璨;对于乡村孩子而言,这样的网络课程无疑为他们打开了另一扇看世界的窗。

在这样一个优秀的教师团队里,我开始尝试着把网络课程加以吸收、内化,从而实现优质资源的本土化,适合学生的才是最好的!

"守住、守住、再守住",守住本真,守住宁静,守住自己;"开化、开化、再开化",开化头脑,开化思想,开化模式。于穿枝拂叶间,以梦想为马,追寻向阳之光。

三、平芜尽处是青山,行人更在春山外

影响人成长速度的第一个主要区别,在于选择了自己主动成长,还是被动地由外界环境推动着成长。

主动成长、面对问题、感受痛苦,然后解决问题,并享受最大的快乐,这是唯一可行的生活方式。你不能解决问题,那么你就会成为问题。面对问题,要坚定地解决它们,不然它们会永远存在。

当再次以助教的身份回归青椒计划时,我和特岗教师们就相遇在这美妙的网络学习场域。不同的地区、不同的代码、不同的名字,但我们有一个共同骄傲的名字:特岗教师!我们都愿意用我们微弱的光,照亮乡村孩子们前行的路。每一次的学习,每一次的用心聆听,所思所想,在纸上留下痕迹,更在实践中不断应用。看着老师们的进步,我内心雀跃不已。学习这条路上,我们一直勇往直前。世间万物每天都在生长着,包括我们自己,包括我们所有的学生们。我们愿更多的学生看见蓝天,看见阳光,看见春天,就在我们身边欢喜绽放。

我一直在路上,衣袂飘荡,长发飞扬!有"青椒"作伴,路就在脚下,美好就在前方,用最坦然的姿态,走出一个无法复制的绝版!

待到山花烂漫时，她在丛中笑

湖南省怀化市沅陵县黄壤坪九年制一贯学校　彭超奇（第一届"青椒"学员）

说到"青椒"，那是我心目中的白月光。不论身在何处，我都不会忘记自己是一名"青椒"。

2017年9月，我回到家乡成为一名人民教师，满怀着对教育的憧憬回到母校。可现实是骨感的，我并没有班级管理经验，看着班里一个个稚嫩的脸庞，我感到很迷茫。很庆幸，沅陵县教育局与湖南弘慧教育发展基金会为我们对接了青椒计划项目，在那里我仿佛打开了新世界，好像周遭所有难题都有了解决的办法。原本一眼望到头的生活，却在此时产生了新的火花。这种全国几万人同时在线学习并且有北师大专家为我们讲授的课程，使我眼前一亮。通过青椒计划的师德课程与专业课程，我开始明白教育对于我自己存在的意义以及我工作的意义。渐渐地，我不再是孤独的乡村教育守望者，而是与全国乡村青年教师联结起来，形成了新的力量去守护更多的乡村孩子。

身为一个教育者，我有时会感觉到疲惫，但是遇见"青椒"之后，我感觉自己充满了力量，这里有许多同路人，我们共同从事最有意义的事业。在青椒计划中，我成为一个学习者，成为学习者的同时我又变成了一个分享者、传授者，不断与各位老师交流，还有机会为来自全国各地的乡村孩子们授课，虽然仅仅只是两节课，可我的心里特别满足，因为我觉得我的事业一下子变得更有意义了。能够为乡村孩子们做更多的事情，这让我有了很大的成就感。

通过青椒计划，我打开了封闭的世界。原本我是一个从未离开过小县城的小青年，但如今我走到了北京，走到了上海。青椒计划所给予的帮助和扶持，使更多的乡村教师走出大山，看到外面的世界，享受到最前沿的教育理论课程。乡村教师又把扩展后的视野带回给乡村孩子们，让他们坚信学习能够让人生变得更加丰满。很庆幸我是青椒计划的一员，我的孩子们也是受益的对象。2018年9月份，我从上海返回学校，在教室的大屏幕上给孩子们播放上海的建筑的照片，我们班每一个孩子的眼睛里都充满着光芒，那是对外面的世界的好奇与憧憬。

后来，我成为了青椒计划的分科助教，认识了许多同我当初一样的老师们。他们也像我一样充满对教育的热情，对学习的激情。在与他们交流的过程中，我找到了一群志同道合的人,这让我充满了前进的力量。因为青椒计划,我慢慢成为比想象中更好的自己。在自我成长的同时,我也帮助更多人像我一样成长。

乡村教育是地区文化最薄弱的板块。成为一名乡村教师需要极大的勇气,坚持下去更需要勇气。陶行知先生曾说过:生活即教育。在课堂内外,我总能找到教育的契机。不管是看见一片树叶,还是处理一次学生之间的冲突,都是我得以实践教育的机会。

"青椒"见证了我们不忘初心,为乡村教育添砖加瓦的坚持。"青椒"的赋能,不但提升学习能量,更赋予了全国乡村教师手拉手的力量。

如今的我,仍坚持在乡村教育一线。并不是没有更好的出路,而是我觉得可以在这里找到我存在的价值。我能够感受到乡村孩子们是多么需要我留下来陪着他们长大。一张节日的小小贺卡都是那样用心,每一个感动的瞬间,我都不断地告诉自己:他们值得我付出最好的年华。从事教育至今,学生在我心里有非常重要的地位。他们的每一次成长都成了我崭新的记忆。我常常对他们说:老师在和你们一起成长。

前段时间,我开了一次班会。我问孩子们:"你们知道老师还能陪你们多久吗?"三年、五年、十年、一百年……孩子们脱口而出各种答案,伴随着一声声嬉笑。"也许老师还能陪你们一年半……"答案一出,教室里顿时安静了下来,不少孩子用讶异的眼神看着我。我开始一字一句地说着共同学习成长的这几年时光,不光自己抑制不住眼泪,孩子们也红了眼,泪水啪嗒啪嗒地掉下来……

图 3-1 "我和孩子们"

与孩子们相处的时光,是我最愉快的时光。感谢青椒计划对我成长的帮助,让我珍惜每一个平凡的日子,让我相信孩子们能够走出大山,成为独特的自己。当孩子们充满自信时,乡村便充满了希望。我坚信,孩子们的生命会像漫山遍野的山花一样烂漫地开放,而孩子们的花丛中,会有像我一样的乡村教师露出欣慰的笑容。

"小狮子"成长记
——有梦想谁都了不起

河南省灵宝市第四小学　王欢凤（第一届"青椒"学员）

> 我有一个梦想
> 梦想自己能点石成金
> 帮你成为爱学习的天使
>
> 我有一个梦想
> 梦想自己有三头六臂
> 助你解决所有的难题
>
> 有时
> 梦想像大海
> 浩浩荡荡
> 有时
> 梦想像山路
> 曲折回肠
> 以前
> 觉得梦想很远
> 像夸父逐日
> 现在
> 梦想就在前方
> 散发着光芒
>
> 曾经的梦想
> 在青椒计划的帮助下
> 正在实现！
>
> ——题记

一、从迷茫到改变

2017 年，是我工作的第六个年头。六年来，我先后辗转了三个学校，任教过初中、小学；七年级、三年级、六年级、一年级；数学、英语、体育、音乐、美术。六年下来，积累了一点点的经验，取得了一点点的成绩。但同时，我也发现自己变了，慢慢变成自己不喜欢的那种老师了——只抱怨学生笨和不努力，满足现状，自我感觉良好。我想改变，可似乎身边的同事们都是这样年复一年地工作，慢慢丧失热情，该怎么变？我不知道。

二、改变，从这时开始！

9 月，我接到上级通知参加青椒计划培训。说实话，刚开始很不情愿，抱着应付差事的态度，按照要求参加每周两次的听课。但是几节课听下来，我觉得自己捡到宝了！这个培训和以前参加的培训很不一样，有好学好用的教育原理，有"网红老师们"的成长故事分享，课程不再是冷冰冰的教材，而是鲜活的经验！每月的作业也是别出心裁，需要反思、梳理才能完成……我被吸引了！

改变，从每一次的尝试开始！

我是一个慢热的人，从接受到全身心投入，我用了四个月。直到 2018 年 1 月的 21 天充电行动，才真正地点燃了我的学习热情。我给自己制订的目标是每天一幅彩铅画、每天一篇简书、每天读书半小时。说起来很简单，做起来真的好难，尤其是简书，太久没有写文章的我，拿着手机真不知道从何处入手。那时刚好临近期末，于是我从总结开始写，比如这学期孩子们的表现、这学期我尝试的教学方法、班级活动……写着写着，素材越来越多，想说的话也越来越多！很快，第一个 21 天结束了，第二个 21 天开始了，第三个 21 天又开始了……勇敢尝试，勇敢改变！

三、从"我"到"我们"

2017 年 9 月与青椒计划相遇，我的生活从此不同。

2018 年寒假与"青椒种子"们相遇，从此每天练字、读书、写作；与彩铅群的伙伴们相遇，我们以画为媒，交流听课的感悟、成长的困惑；我第一次在种子冬令营中分享自己设计的"开学第一课"，第一次筹划了彩铅画视频大拜年活动……这两个月的全身心投入，让我看到自己身上蕴藏的巨大潜力。

2018年3月，我带领全校120名师生一起参加了互加美丽乡村开学典礼，我们将彩虹花晨读、夏加儿美术、鲨鱼科学加入课表。我们又一起走过爱的五月，大声说出对妈妈的爱，孩子们在互加这个平台上学会了感恩、合作、发现美、欣赏美，开心地成长着、收获着！

2018年4月的分科学习、暑假的兴成长课程又是难得的充电机会，我从凉水井中学的网络课堂中学习有效的小组合作和多样的德育活动设计，从彩虹花中体味芳华，从信息课上习得新技能，从小狮子身上获取能量，从亲子课上懂得"真爱"，学习力又一次飞跃！

从小小的我到大大的我们，从单枪匹马到抱团取暖，我用了284天，但这不是结束，而是开始，未来期待有更多的你、他一起加入我们这个大家庭，在这里为梦想而战！

四、从"村小"到"北京"

有梦想谁都了不起，有勇气就会有奇迹！7月，我和一百名优秀学员从村小走到了北京，见识了北师大的风采，近距离聆听了名师的教诲。通过一周的学习与参观，我更觉得自己肩上的责任重大。我们乡村的教育和城市相比差距巨大，农村的孩子想要改变命运只能通过学习，这就需要我们乡村教师通过各种资源提升自己，帮助孩子们体验学习的乐趣，树立学习的信心！我更坚信只要努力，没有什么不可以！

五、从"追随"到"引领"

过去这一年，我追随着青椒计划的脚步，学到了新的教学理念、有效的教学方法、先进的教学技能，孩子们体验到了丰富的艺术课堂，也获得了优质的学习资源。接下来，我又有了新的使命，那就是做一名引领者，将青椒计划推荐给更多的同行，让更多的师生感受到互联网的魅力！如果有机会，我还想尝试做一名网课老师，将自己的能量放大，影响到更多人！我要做年轻有闯劲的追梦人，还要做勇敢有担当的筑梦人！

成长从来都是自己的事情，只有想不想，没有能不能。迈出那一步，你才能发现自己身上蕴藏的巨大能量，才会相信自己定能到达那个梦想中的远方！

曾经的"小青椒"已经蜕变成了"小狮子"，在教育这片热土上奋力奔跑！追梦，不轻言放弃；挫折，折不断翅膀；梦想，带我们起航；坚持，向着逐梦的方向！

关于小狮子计划： 该计划由友成基金会与上汽集团凯迪拉克品牌共同发起，是一项以"学习力""成长力""影响力""专业指标"四个维度为标准评选年度乡村教师，嘉奖优秀教育人才的项目。自其在全国范围内实施开始，2018年至2020年间总计表彰了1800名优秀乡村青年教师。助力中国乡村教育，让更多优秀教师依托互联网的力量，迸发更大的职业生命力是小狮子计划的初衷。所有的伟大，源于一个勇敢的开始，凯迪拉克相信，小狮子计划将成为一种源源不绝的驱动力，激励着乡村教育的行动者们开拓一个崭新的时代。

田埂花开

贵州省贵阳市息烽县石硐镇木杉小学　徐萍（第一届"青椒"学员）

当还是一个小女孩时，我曾无数次想象过自己在讲台上的样子。那山林间清脆的鸟鸣都像是学生们清晨的读书声，而我就是那个领读的人。成为一名光荣的人民教师，是我孩童时期和少女时代唯一的梦想。

当我从师范学校毕业的那一天，我的梦想顺利实现了。但当我背着行囊走进梦寐以求的校园时，我的理想第一次出现了"裂缝"：眼前是杂草丛生的操场，两层歪歪斜斜的砖木结构的教室。一切都与我梦想里那庄严的三尺讲台和整洁明亮的教室完全不一样，现实狠狠给了我一击。然而，即便是内心深处遭受了冲击，但在那个年代，以我自身的水平和现实的社会环境，我没有更好的选择。于是，一支粉笔，一块黑板，一本教科书，陪伴着我在破旧坑洼的乡村教室里站了二十二年。二十二年间，我和村里所有的人一样，年岁增加，皱纹增多，从青春烂漫走向了沧桑中年。尽管年岁增长，但思维和视野的狭隘使我保持着一成不变的教学模式。一批又一批孩子在我身边长大，离开寨子，花开花落，年复一年。我初上讲台教过的学生，现在已经为人父母，渐渐地，他们的孩子又走进了我的课堂。只不过，当曾经的小屁孩以家长的身份，在年初背着行囊外出打工、年末回家过年的第一时间跑到学校来找我，拉着我的手再三恳请我严格教育他们的孩子的时候，我心里有欣慰，有感慨，也有说不出来的难过。

那些普通的孩子长大成了普通的社会一员，没有接受良好的教育，也没有一技之长可以傍身，老实的孩子靠着体力吃饭，调皮的出去乱闯，也多半只能混沌度日。这样的例子在我们落后山区太普遍了，我曾经甚至习以为常。但当我渐渐地老去，我突然意识到，我辜负了自己曾经的梦想，也辜负了乡亲们对我的爱和期待。我以教师岗位谋生，却并没有成为一名真正优秀的人民教师。一名真正优秀的教师，应该去努力改变无数孩子的人生，应该引导他们和贫穷落后、碌碌无为的命运作斗争。

当我慢慢地认识自己，我也开始慢慢地改变。一个又一个家庭，将希望寄托在读书的孩子身上，同时也寄托在我们这些乡村老师身上。但是对于一个开门只能见到大山的老师来说，我拿什么撑起一方百姓的希望？农村的小学，年轻的新生代教师下不来、留不住；而留在乡村学校的都是中老年教师，教学理念落后，教学质量低劣，就这样形成了一个恶性循环。经过一段时间的冥思苦想，我开始尝试着动用身边的一切资源寻找免费支教老师、各种社会公益资源，甚至联系过社会各界的爱心人士，但由于种种原因，最后都无疾而终。

这之中的过程无比心酸坎坷，但幸运的是，我终于遇见互加计划和青椒计划，由此改变了我和很多的学生。互加计划通过一根网线补齐音体美师资不足的短板，青椒计划让我足不出户就能享受到北师大、华东师大专家的培训，把学到的最前沿的理论、思想在教育教学中不断地实践与应用，收到了很好的效果。

站在讲台上二十余载，第一次听到山外的声音，看到山外的世界。推开这扇山门，新事物源源不断地进来。我所在的木杉小学，学生半数以上都是留守儿童，早上十点才稀稀拉拉地开始上课。但在我的努力之下，学校悄然间发生了变化。一根网线连接起山内外的世界，外面精彩的一切吸引着这些山里的孩子。不仅没有了半路躲学、装病在家不上学的学生，而且全校到校的时间比原来提前了一个半小时。渐渐地，大山的清晨，孩子们的朗朗书声盖过了山间的鸟鸣。在大山深处尘封已久、早已经进入职业倦怠状态的我，因为加入了青椒计划，重新点燃了少时梦想的激情和热血。我把学到的教育教学理论不断地在实践中运用，在木杉村这块纯净的土地上创造出新的希望。改变越来越多，收获也越来越多。我带着木杉娃娃两次到北京参加科普大会，第一届科普大会在人民大会堂举行，第二届科普大会在中央电视台的大厦里举行，四年级的陈佳佳同学还作为学生代表发言……这一切对我来说，像在梦境里。

因为打开了这一扇曾经紧闭的窗户，我们认识了许许多多全国各地的有教育情怀的优秀教师，我们彼此鼓励支持，也彼此监督赋能。乡村娃娃通过一块屏幕，跟着全国各地的老师学习音体美课程；通过一个摄像头，和名师专家们面对面地交流。虽然学生与老师们散落在祖国大地上的各个地方，但彼此之间却是切实地被温暖、被照亮了。

而我自己，作为第一届青椒计划学员，幸运地成为3.4万青椒学员的前一百名走进北师大，与全国各地的优秀教师们一起从线上走到线下，和优秀的教育专家们面对面交流。跟着青椒计划，一路前行，一路收获。不仅老师和孩子们有机会去到北京、上海、南京、成都学习，各地的专家团队也络绎不绝地走进大山深处的木杉小学。木杉小学在逆境中突围的故事被拍成纪录片《村小的远见》；上海百特教育咨询中心不仅提供财商教育课程,还助力学校建立行为银行和财商超市;北京桂馨慈善公益基金会为推动木杉师生养成阅读习惯,将上千册适合师生阅读的图书寄进木杉小学……

贵州"互联网+教育"的星火在木杉小学点燃,带动了贵阳市"三县一市"及周边地区"互联网+教育"的发展。2018年7月黔东南岑巩县注溪镇中心小学,邀请我为全镇老师做了一次"互联网+教育"培训;2018年11月受清镇市教育局的邀请,我向该市一百余名青椒计划学员和全市村小校长及教导主任,进行了一次"互联网+教育"培训;上海沪江互加计划请我为兴成长计划学员做培训;清华教育扶贫办多次请我给对口帮扶市县的老师培训;国务院汤敏参事多次在未来学校论坛和第二届西部教育论坛上用木杉小学变革故事做主题案例……这一切,在教育生涯的前二十二年,我都没敢想过。木杉小学虽然在大山深处,但是已经和外面的世界接轨。学生享受到优质的教育资源,通过人工智能的模式进行前置学习,老师的角色由知识的唯一传播者变成了学生学习的陪伴者,同时对学生进行个性化指导。当学生在学习的过程中,找到存在感和满足感,学习潜能一点一点地被激发出来后,全校学生真正形成了一种乐学善思的良好氛围。

俗话说:"越努力,越幸运!"跟随青椒计划、互加计划一路前行,我似乎也成了一个幸运的人。近两年时间里,我相继获得了青椒计划"小狮子优异奖"、人民日报评选的"乡村科技好教师"、北京桂馨慈善公益基金会第四届"南师计划奖"。我幸运的同时,我的学生们也非常幸运,衣物、学习用具、生活用品源源不断地进来,北京桂馨慈善公益基金会还为全校的孩子解决早餐,还有上万册的优质课外书供孩子们自由阅读。

成为一名光荣的人民教师是我少时的梦想,把木杉小学办成小而美、小而优的乡村学校是我往后余生的梦想。国务院参事汤敏老师计划将木杉小学打造成全国第一个"互联网+教育"的试点学校,在他的大力支持下,学生们有了平板电脑,获得许多免费的优质教育资源。学生们轻松学习,教师们轻松上课,育人环境其乐融融。虽然离小而美、小而优的"互联网+"学校还有一段距离,但我仿佛已经看到了不远的将来,乡村的孩子走向了世界的各个地方,带着梦想和希望。

大山的深处,贫瘠的田埂上,我们听见了花开的声音。

能坚持,真的很酷!
——我和"青椒"的故事
甘肃省渭源县莲峰镇张家滩学校 朱桂桂(第二届"青椒"学员)

我是来自甘肃省渭源县莲峰镇张家滩学校的一名特岗教师,今年(2020年)加入"青椒"大家庭三年了,特岗入职也三年了,很幸运刚进入工作岗位就加入了青椒计划。从2018年开始,每周都会利用手机观看青椒课程。虽然没有无线网络的支持,但我下定决心一定要完成课程学习,毕竟仅仅依靠学校的基础课程远远不够。我自己也尝试过利用网络学习,例如加入慕课,最终都因为坚持不下来而停止。青椒计划为我打开了网络世界的另一扇大门,手机屏幕上有全国各地的老师,一起探讨,一起进步。这里也汇聚了全国的教育界佼佼者,我很开心认识他们。

古语云:听君一席话,胜读十年书。我大概估算了一下,一学期下来也能比别人多学到20节课程。小小的幼苗扎下了根,在求知的路上,量变促成质变,只要功夫深,铁杵磨成针。

"青椒"验证了一个惊人的磁场定律,生命中会遇见谁,仿佛是注定,而有的人第一眼就一见如故,有些人相处几年也不会深交,甚至有些朋友刚开始言笑晏晏,后来却一拍两散。当我遇见"青椒"这个优秀的集体,认识教育界的领军人物后,我就被"青椒"这个磁场所吸引,从一年到两年,现在三年了,我依然深深地被他们吸引……

我深知自己的知识有限,能力有限,但总有一个声音呼唤我,"同是'青椒'一员,同是特岗教师,怎能甘拜下风?放弃很容易,但坚持一定很酷"。坚持每周听课,做笔记,积极完成小打卡,写心得体会,不懂就问。参加"青椒"课程是我最充实的日子,有目标,生活才更有滋味。恍惚间,我仿佛又回到了考编的日子,那年夏天,还有那个雄心满满的学生时期,不慌张,不迷茫。

烈火般的学习热情在"青椒"的支持下又重燃了,这是我的黄金时期,顺着看不见摸不着的网络,又重拾梦想——终身学习,不论生活有多苦涩,梦想终归是甜甜的。

有了"青椒"的支持,一步一步让自己的理想更加坚定。通过为期一年的"青椒"课程培训,我获得了"2018—2019学年青椒计划结业证书",还在2019年顺利进入"青椒"校友课程优秀打卡榜前三名;2019年12月2日我和黑龙江的于月霞老师组成"彩椒组",跨区域组合来一同讲解《未来课堂不遥远》;我结合了爱学堂提供的优质资源课,将科学课和语文课相整合;2019年12月,我获得秘书处颁发的"优秀学员证书"……2020年10月份,我加入"青椒"助教团,成了光荣的学科助教。现在,我担任着艺术组组长,配合讲师课前暖场、课后答疑。我很满意这份工作,它给予我更大的展示平台,还有益教室提供的优秀课例,都可以在学校里进行实际操作,线上线下共同进步、共同成长。

青椒计划使得我成为更卓越的教师。2020年8月,我认识了中国青少年科学技术协会的相关负责人,参与了线上科技教学活动,申报了2020年全国青少年科技创新大赛,并提交了参赛作品"智能电动车头盔",遗憾未进入前120名,但虽败犹荣。毕竟作为一个乡村教师,这是一次绝佳的接触智能化教育教学的机会,感谢给予我机会的中国青少年科学技术协会,更要感谢陪伴我三年的青椒计划。

三年来,青椒计划陪我们共同成长。愿初心不改,让乡村校园更美丽。

图 3-2 朱桂桂老师照片

"青椒"予我，皆为美好！

吉林省白城市嘎什根乡第二小学校　张露（第二届"青椒"学员）

一、与"青椒"初识

很庆幸，2018年，我29周岁，把握住了个人的最后一次机会，于8月24日，如愿成为一名人民教师。

很有幸，在我入职的第一个学期，见证了中小学合并，由低矮简陋的平房搬入崭新的四层教学楼内，宿舍楼实现了Wi-Fi全覆盖，尽管手机信号和网络信号都很弱，但这已是质的飞跃。目前校园正在进行操场硬化，据说不久后还会升级为塑胶跑道……

很荣幸，2018年9月26日，我加入了青椒计划。我们加入时已是第二讲，错过了第一讲，有惋惜但因此更为珍重机会。听了桑国元教授讲的"理想的乡村学校与卓越的乡村教师"后，我百感交集，却又不知从何说起，唯有寄上一首小诗，在我的第一次打卡中留下轻轻一笔。

二、与"青椒"同行

这是认识青椒的第二周，星期三的傍晚我早早地打开CCtalk，等待课程的开播，这一讲是由边玉芳教授主讲的"6—15岁儿童心理特点与适宜教育"。青椒计划不断地为我们制造惊喜，我万万没想到自己能听到北师大教授的讲座，听着边教授的课，校园里的情景，身边发生的种种，或大或小，涌上心头，历历在目。于是，我写下了第一篇简书文章《初为人师，从心开始》。这篇文章延续了我实习期间对后进生的关注，在文末我写道："初为人师，从心开始，有的心门为我敞开了，有的心门我还未敲开，我会继续与他们教新更交心，一个都不会少！"就这样，一段文字，一篇文章，完成了我的第二次打卡。

说青椒计划惊喜不断，一点不假。在领略北师大教授的风采之余，更让我意想不到的是，我自认为轻轻一笔的第一讲小打卡，竟上了优秀打卡的榜单，是意外，是鼓舞，更是动力。从此以后，每周无论多忙，我都会提前打开CCtalk，从开始前的暖场到最后的散场音乐都不会错过，每一段都是动听的旋律，每一讲都是最美的遇见；每次无论多晚，打卡是必答题，课是必听课，我会积极思考，仔细琢磨，认真完成每一次课后打卡。

三、感恩生活，感谢有你

2018年11月15日，我听了吴虹校长的"关注心灵成长"一课，这一课让我深深地感激吴校长，因为她让我懂得感恩遇见的所有人，感谢经历的一切事。

有人说，能够付出爱的人才能得到世界的爱，懂得感恩的人必定会对生活心怀感激：感恩生命，感谢父母；感恩生活，感谢亲人；感恩相遇，感谢贵人；感恩在我成长中有缘相见相识的向上的年轻朋友们，看着我成长；感谢鼓励我坚持梦想的师长们……加入青椒计划，让我有机会对身边的所有人一切事表示由衷的感谢！

有人说：这个世界需要爱，人人都应该拥有一颗感恩的心。我们只有学会爱，学会感恩，才能发现这个世界的美好，才能更好地适应这个世界。身为父母，也应该让孩子感受到这些博大的情怀。身为教师，亦当如此。一首《感恩的心》，是孩子对社会的感恩，是学生对老师的感恩，是学生与老师对各自家人的感恩，是人与人之间的感恩。

图 3-3 张露老师参加吉林青椒打卡群

2018年12月22日，星期六。在这个特殊的日子，通过网络直播，我全程参与了"2019互+网络公益课程发布会——万师互教 众师成长"的直播，虽然此次分享课程标注了打卡分享自愿，我仍然积极参与，写下了简书并打卡。青椒计划所带给我们的，永远都是惊喜与感动、惊艳与富足。此次专场分享更是一席听觉、视觉的文化饕餮盛宴，震撼心灵。从早晨9点至下午4点，专家名师的身影在眼前转换，他们抑扬顿挫的演讲在耳边回响。

在名为"极简技术促进教师专业发展——从'一师一优课'到'万师互教、众师成长'"的分享中，黎教授站在教育最前沿，为我们带来最先进的教育理念和技能。在这次分享中，我还学到了极简主义，这是20世纪60年代兴起的一个艺术派系，起源于视觉艺术、音乐和其他媒介的设计流派，是一种在创作中使用简化设计元素的艺术风格。大道至简，去粗取精。"青椒"教师将在这种极简教育理念的指导下，实现专业化成长。马兰青教研员的演讲"百人团队如何打造快乐网络课程"的精彩，给我的震撼久久难以忘怀。

先进的教学科技，前沿的教育理念，多彩的网络课程是教育新时代的代名词。新时代的教师不仅要做到极简，更要宁静。

四、结束与开始

2019年1月9日，星期六，大年初七。伴着新年的鞭炮声，我聆听了秋季学期总结会"青椒学期总结会——我们是勇敢的追梦人"，写下了《"青椒"——2018的惊喜，2019的力量》：

"青"是新新事物，生生不息；

"椒"是教书育人，助人成长。

"青椒"是2018年最大的惊喜，

更是2019年前进的力量！

当我担心随着学期的结束，

"青椒"课程也会随之结束的时候，

学期总结也是新的开始，

由集中学习转向了自主学习。

教师们的才艺视频既是一场视听的盛宴，

又是一声声动听的忠告：

新时代的教师，应是

多才多艺的人，全面发展的人。

2018的学霸榜，让我看到

更多的人在付出着更多的努力，

优秀的人在成长中更加地优秀。

乡村学校是一方加速新教师成长的沃土，

青椒计划是一泓净化新教师心灵的清泉。

而这个长假，

该是一段新教师充电的日子，

紧随"青椒"，博而专，

坚持读书，专而一。

如果可以，走出去。

赏一路的风景，

而后，满载而归。

待新学期，

从心开始，重新出发！

学期总结会后，我沿着"青椒"的方向，继续坚持完成了自主分科学习；也因这坚持，我的"青椒"荣誉墙上多了一枚宝贵的勋章。

2019年3月10日，"青椒"开学的日子，听了杨瑞清教授的讲座——"知行合一，做新时代的乡村教师"，我感受到一切美好终将实现，有些美好正在发生。杨教授教导我们："感激有一副巨人的肩膀，感激有一方肥沃的土壤，感激有一个伟大的时代。"

2019年4月12日。我们跟随青椒计划开始了分科集中学习。英语学科学习分四讲进行，最后一讲，张老师直截了当地指出了解词语用法的好办法——抄词。正如张老师第一节课所言，成为一名优秀的教师没有捷径，学习也没有速成班，成败在于个人的努力程度与付出程度。上学的时候，我最喜欢记笔记，把书记得满满的，翻来很有成就感，张老师的英语课又让我爱上抄词，享受连贯而流畅的书写过程，享受将知识点落在笔头上的记忆方式。

青椒计划，全国开展，有集体性，有归属感，有榜样，有能量，有方向。

青椒课程，全科学习，让学习充满期待，为工作加油打气，使生活变得有意义。每一周都能听到"青椒"课程，很充实；每一周都能参加网络培训，很荣幸；每一周都能感到一群人在努力，很快乐；每一周都能看到努力的人优秀，很有动力；每一周都在反思自己的不足处，努力改善；每一周都将小打卡当作必答题，学思结合；"青椒"予我，皆为美好！遇见"青椒"，看见多姿的校园；从此又敢做梦，梦见多彩的未来！

图 3-4 第二届乡村青年教师社会支持公益计划结业典礼

2019年6月19日,我与其他两位教师代表我县百余名"青椒"学员,在通化现场参加了"第二届乡村青年教师社会支持公益计划结业典礼",获得了由吴虹校长亲自颁发的优秀学员证书,同时获得了全国"青椒"百优南京行知暑期研习资格。

五、"青椒"新旅程

2020年9月,我申请加入特岗青椒计划助教团,就在教师节那天,我收到了最好的礼物:助教录取通知书。次日集结会后,我们集思广益为团队起名,我想到了甘总(友成基金会青椒计划高级项目官员甘琦——编注)的话:"我们有一个使命,就是用青椒计划去点燃新一代的乡村青年教师。"我们也常说,聚是一团火,散作满天星,因此我先想到"超燃助教团"这个名字。青椒计划,助人成长,助教师追逐梦想,师师相助,筑梦、逐梦又助梦,因此我又想到"助梦团"这个名字。9月25日,我们的助教团有了自己的名字:天之"椒"子助教团。

2020年10月28日是"青椒"开学的日子,10月30日的推进说明会梳理了助教们的岗位职责,我作为知识管理助教,为每周三专业课的课程回顾绘制思维导图。虽然我并不擅长,但我觉得选择此项工作可以强制自己去听课学习,又可以通过练习提升技能,深化已知、探索未知,也许最终获得的便是知识技能双提升,何乐而不为呢?

2020年12月,是我成为特岗教师的第二年,也是我与"青椒"结缘的第二个年头,我从学员成长为天之"椒"子,从一个孩子的妈妈升级为准二胎妈妈。我深知,此时我不仅要孕育生命,更要蕴藏知识、积蓄能量,遇见"青椒",遇见更好的自己!

从"青椒"到"红椒"的美丽蜕变

内蒙古呼和浩特市土默特左旗把什民族学校　赵亚男（第二届"青椒"学员）

遇到"青椒"之前，我只是全国290万乡村教师中的一员，大学毕业便选择了做一名特岗教师，为农村教育事业做一份贡献。我想要通过自己的努力，让学生喜欢上英语课，提高成绩。但是，面对农村教育资源的匮乏，面对全校没有接入互联网的事实，面对几乎整个班的留守儿童，我真的感到了前所未有的压力。学校的年轻老师来了走，走了来，只有我还在继续坚持，我也不知道这样的孤军奋战到底还能坚持多久。

"人生而孤独，却不甘寂寞"。一个阳光灿烂的上午，我与"青椒"结缘，这是我与"青椒"故事的开始，也注定了新的旅程不再寂寞。很荣幸，通过自己的不断努力，还有来自团队的不断鼓励，我被评为2019年度优秀学员，并作为优秀学员代表为全国各地的学员做展示课。今年，经过层层选拔，我加入了助教团，从项目的直接受益者升级为深度参与者，完成了从"青椒"到"红椒"的美丽蜕变。

在青椒计划中，我遇到了千千万万同行的伙伴，了解到了自己肩负的重任，感受到了集体的力量。很多乡村教师有着和我一样的目标，他们都在青椒计划的支持下，尝试用自己的智慧把新的教育方法、优质教育资源带到乡村的课堂。我们从"青椒"中汲取了大量的养分。

在教授专业知识的同时，"青椒"也会传授大量的教学方法。每周的课程经过消化可以变成自己的东西。经过实践的打磨，我发现我学到的理论大多都能用到实处。经过不断地学习，不断地吸收，我的专业能力得到了提升，对教学有了新的看法，教学思路越拓越宽。

你的态度决定你的高度，你的见识决定你的舞台。很庆幸自己参加了青椒计划，结识了那么多优秀的老师，看到那么多优秀的老师还在不断提升自己。他们认真听课、打卡、完成作业。我也尽自己最大的努力跟上大家的脚步。我越来越多地发现这件事的意义，一路动力十足地坚持了下来。

我所在的学校没有网络，每次直播课我都在用手机流量听。有一次直播时学校停电，我一直听到手机自动关机为止。那是我印象最深的一节课，也是我唯一没有完全听下来的课。学校一恢复供电，我便插着充电器询问熟悉的老师后面讲了什么，留了什么打卡作业。"青椒"每节课后的打卡作业，让我有了反思的意识，静下心来思考教学的得失，给自己的教学状态打分，重新定位自己的教学行为。"青椒"让我养成了反思的习惯。现在我还在坚持每天打卡，我的教学水平不断提高，孩子们的成绩越来越好，我离自己的目标越来越近。

我们的学生一直在变，一届又一届。我的第一届学生今年都读大一了。作为一名教师，我们要始终保证，将自己所有的知识毫无保留地传授给学生；而为了这个目标，我们首先要保证不断地充实自己。有句话说："要给别人一碗水，自己需要有一桶水。"老师的水，便是肚子里面的墨水，只有不断地学习，才能将肚子里的墨水源源不断地输送给学生。有了现代互联网技术，古人所说的"传道、授业、解惑"在今天需要用新的方式去诠释，"青椒"搭建起了这样一个平台，让乡村教师之间不断交流，不断创新教学方法，不断提升教学水平。

成为"青椒"助教团的一员后，我尝试使用新软件，学习做好课前暖场。挖掘学习资源、制作暖场PPT、协调小组内合作、和讲师连麦提前测试软件、完成学员答疑等，这些工作让我对这个课程更加珍惜与期待，也综合提升了我的学习能力和执行能力。第一次做这样的工作，说没有压力是不可能的，但我知道，我的背后有整个"青椒"团队的支持，只要坚持下去没有什么是做不到的。就是这股信念，支撑着我完成了第一次直播任务。我发现，只有参与到课程的前期准备中，才能真切感受团队的巨大能量。只有参与其中，才能收获更多成长与蜕变。只有通过一点一点积累，才能充实自我，使自己变得更加优秀。

成长是综合性的提升，这也正是"青椒"所带给我们的神奇魔力，青椒计划让我们思想更加成熟，业务逐步娴熟，精力更加旺盛，行动更有担当，眼界更加开阔，资源更加丰富，交流更加广泛，教育更富爱心，学习更加持久，生活更有活力。

正如专家老师说的那样，"课的第一锤要敲到学生的心灵上，激发起他们思维的火花，或像磁石一样把学生牢牢地吸引住"。"青椒"就有这样的魔力，把我们这些乡村老师吸引住，让我们不断成长。教育想要取得更好的效果，教育者先要受教育，方能做到"学高为师"。希望更多的乡村教师能够借助这个平台，不断提高自己的水平，引导更多的乡村孩子走向更美好的明天。

一日为"椒"，终身为教。身为"青椒"，我获益良多；从"青椒"蜕变成"红椒"，更令我骄傲自豪。

一生秉烛铸民魂
——参加青椒计划有感

贵州省贵定县盘江镇音寨村小学　李正航（第三届"青椒"学员）

虽然时间不长，但是"青椒"培训让我感触很深，使我认识更广。我既激动又忧虑，激动的是我学习了丰富的理论知识；忧虑的是自己刚工作不久，经验还不足，要学习的东西还有很多很多。

师者，传道授业解惑也。教育部任司长百忙中不辞辛苦为我们带来生动且富有意义的一堂课，使我因为自己作为最基层、最前线的一名教育者而感到无比自豪。我们虽然在偏远山区，在教育基层一线，但在寒冬里能够有幸听到教育部领导的课，感到很温暖。

我是一名90后，我想也是最能体会到改革开放益处的一代。"走出大山"是小时候老师对我们说的最多的一句话。我是一名贵州山区的孩子，小时候每天除了学习，就是跟在牛儿的后面背书、写字，每天望着一座又一座的大山，好奇山的那边是什么。是像课本中写的那样，是海吗？后来我从大山里走了出去，走过许多城、认识了许多人，也见到了海。现在我又选择回到大山，因为我想让这大山深处的孩子，也像我一样"走出大山"。习近平总书记鼓励教师要做教育扶贫的先行者。我想，我小时候的老师做到了，作为中华民族伟大复兴路上的一名师范院校毕业生，我更应该用所学回报家乡。所以，在市州机关单位任职两年后，我回到了大山，回到了农村，成为了一名特岗老师。

我们所面对的孩子都是农村的孩子，他们渴望知识，渴望进步，也渴望被关注。除了每天在课堂上传授知识外，我还会让他们写出自己的理想，在课外和他们谈谈山外的世界。这个时代有了我那个时代不敢想象的互联网，这也是我带他们走出大山最快的方法。我在课外用互联网带他们领略大城市的繁华，给他们看没有看过的景物，让他们了解我们国家丰富多彩的文化。现在我的学生们，每个人都有一个清晰、理想和简单的人生规划，他们在课堂上也越来越积极，走出大山的愿望也越来越强烈。

除了教学，我辅助老教师做了一些扶贫的工作，也自愿与其他学校的老师走访残疾儿童家庭，把国家的政策用通俗易懂的语言讲给他们听，鼓励他们的父母用双手创造财富。扶贫之路扶智先行，作为老师，我们除了教给孩子课本的知识外，还应该培养他艰苦奋斗、努力学习和感恩社会的品质。我相信，在青椒计划的支持下，我们一定能通过自己的努力走出大山！

听朱旭东教授的课，我收获颇多。朱教授给予了乡村教育极大的肯定和鼓励，我们乡村教师处在最基础的教育位置，面对的是一群质朴、简单、可爱的孩子。这里没有城市经济的优势，但有着丰富的乡村文化资源、优美的自然环境、淳朴的民风民俗……我们乡村教师作为传播知识的领路人，要加强自信，把乡村文化学习好、传播好、利用好。我所处的地区是少数民族聚居地、贵州省贵定县盘江镇音寨村的一所乡村小学，这里居住的主要是布依族，民风淳朴，民俗多彩。在传播知识的同时，我结合当地的实际，在教育中融入民俗文化资源和自然旅游资源：从教室布置、地域文化，到实践活动、乡村旅游景点等方面开展文化教育，极大地提高了学生的学习兴趣，让他们为身处这样一个自然资源和旅游资源丰富的乡村而自豪。

"青椒"让我对教师职业定位又有了新的期望：好老师要有理想信念，要摆正心态，找准定位，承担国家使命和社会责任，努力学习，找到有特色的教育方式，为人民服务。

学高为师，身正为范。做好一名老师，在开展教学活动前需要全面地了解每个学生的身心发展特点。例如，如果在课堂上遇到好动的学生，我会首先肯定调皮是学生的天性，在课堂上用提问、表扬的方式引导这类学生主动参与到课堂中来，让他们领读课文，在科学实验时让他们上台示范；再根据他们善于社交的特点，适当地让其担任班干，体现其存在感，引导他们成为负责任的学生。在座位编排上，我会让内向的学生和好动的学生坐在一起，这样可以让好动的学生调动内向学生的积极性，也可以让内向的学生给好动的学生潜移默化地带来安静的影响。这样以前经常在课堂上调皮捣蛋的学生慢慢成长为负责、好学、好问的学生，不善社交的学生慢慢在课堂和课外活跃了起来。我相信通过我和孩子们的共同努力，我们一定会变得越来越优秀！

另外分享一个好消息，根据上次测试的情况，我所任教的班级优分率和平均分远远高于其他班级，这更坚定了我的信心：相信通过青椒计划，我和学生们会更快地成长。

在青椒计划中，我在新媒体运用教学上取得了很大的突破。我利用多媒体教学的方法，把身边的真实事例制作成短视频或图片等形式融入教学，以新颖的形式带动课堂氛围。例如，在上"风的形成"一课时，我化身成了"风的制造者"，并插入孩子们喜欢看的动画片《蓝猫》中的"大气圈"片段，吸引孩子们探究如何"制造出风"。这种方法对三年级的小孩子们很有吸引力，也大大提高了课堂效率。

作为老师，了解学生是有效进行教学的基础，教学活动中一个重要的因素便是根据学生身心发展的规律来制定合理的教学方案，因材施教。要先对学生有清晰的认识，才能引导学生树立共同的价值观、打造优秀的班集体。

要培养好学生，我们首先要严格要求自己，给学生做出榜样。这就要求我们要有扎实的学识，不仅要有一碗水，而且要有一潭水、长流水。当今的教育不再仅限于传统的"学校学习"，网络授课对教育方法提出了挑战，也带来了机遇。"打铁还需自身硬"，作为教师，我们要充分运用网络媒体，发挥其积极作用。榜样不只是知识丰富能力强，也应该遵纪守法、人格高尚，这样我们才能够说"教师是太阳底下最光辉的职业"。

通过青椒计划，我深深地明白了成为一名好老师的路还很长很远。我们特岗老师面对的大多都是乡村孩子，作为从农村出来的我，对这群孩子的心情，深有体会。"三寸粉笔，三尺讲台系国运；一颗丹心，一生秉烛铸民魂。"教育之路，任重道远，我要继续努力学习，遵守教师职业道德，勇于担责，养成优秀的师德品质，以理论为指导，反思实践，以前辈为榜样，做一名知识硬、本领强、作风优的人民教师，用爱托起祖国下一代美好的明天！

青椒计划助我点亮孩子们的心灯

新疆维吾尔自治区和田市古江巴格乡中心小学　张明月（第三届"青椒"学员）

我叫张明月，是一名来自新疆的语文老师。2019年我参加了特岗青椒计划，经过一年的学习我不仅学到了很多专业知识，而且通过师德课受益匪浅。经过为期一年的培训，我被评为特岗青椒计划的全国百优学员。我深刻地认识到，作为新教师，我们是祖国未来教育事业发展的基础，为了更好地体现我们的价值，要不断地学习，快速地进步，不断地突破自己、提升自己。扶贫先扶智，我作为一名农村教师深有感触。授人以鱼不如授人以渔，你要帮助他，就要给他生存的技能，而现在的社会，知识就是最大的生活技能，我们教师要做教育扶贫路上的先行者，教会孩子知识，使孩子们拥有生存技能。

我从"青椒"毕业了，但学习成长之路没有结束。2020年10月，我担任了新一届特岗青椒计划的助教团总团长，负责新一届特岗学员的培训对接工作。路漫漫其修远兮！我会不忘初心，坚持做好本职工作，做教育改革中的奋进者，做教育扶贫的先行者，做学生成长的引导者。

感谢青椒计划，是这个大家庭让我看到乡村教育希望的曙光。通过一年的学习，在各位专家讲师的引导下，我学会了如何去备课、备学情，利用有价值的板书去高效地上好一堂课。青椒计划不仅教我如何提高自己的专业技术水平，更教会我如何当一个好老师，让身为班主任的我明白对待学生要一视同仁，建立严格而有效的班规，形成良好的班风，做学生成长的引导者。

我现在所教的学生正值情绪敏感阶段。我看过一篇文章《老师都是"单相思"》，真的太有感触了。有时候这帮小孩子能活活把人气死。生气的时候说了八百次"再不管了！爱咋样咋样吧！"可是回到办公室冷静之后，再进教室面对这些纯真的面孔时又忘了当初生气的事了。班主任"心酸史"真的可以出本书，这里说一个小故事，是上学期班级里发生的事情。

班级有两个小朋友A和B。A是每天家长送来学校就开始闹腾，家长就像"抓老鼠"一样到处抓他，抓到送到班级后，他又会趁老师不注意往外跑。B呢，每天来学校后都是安安静静的，但是，也不进教室！虽然不闹腾，但就往学校操场垃圾箱后面一躲，谁也发现不了。每天学校报考勤的时候都找不到他俩。联系过家长之后，我发现他们有一个共同点，那就是 A 和 B 的家长都对孩子的学习漠不关心。我说："孩子丢了怎么办？"家长反而安慰我别急，晚上放学时间到了，他们就会回家吃饭了。这让我非常无奈。于是，我便开始想办法跟他们"斗智斗勇"了。我买了很多糖果，每天哄着他们进学校。他们有了一点小成绩，我就鼓励他们，经常和他们谈心谈话。功夫不负有心人，小朋友 A 终于被我打动了，每天愿意进教室了，上课也愿意互动了。但是，B 依然我行我素，丝毫不理会我的小把戏，这让我十分挫败。参加青椒计划后，偶然有一次，我在班里讲口语交际，一边播放视频，一边跟学生做游戏时，他偷偷趴在门口看了一会儿，就迅速跑开了。我灵机一动，第二天，我又准备了一节互动课。在课前，我叫班长找到他，偷偷告诉他"张老师在教室带同学们做游戏呢，玩得可好了。你要不要偷偷地看下，可热闹了"。然后他真的像小猫一样跑来偷看了，游戏进行到一半的时候，我突然点了他的名字："现在，我们让 B 也跟我们一起再来一次好不好？大家掌声鼓励！"他愣住了，大家都看着他，他最后还是背着书包走上了讲台。那一次我在所有同学面前表扬了他，把他的位置移到了讲桌旁。放学后，我又找他谈心，不知道哪句话打动了他，他哭了，还说了一句"老师，我喜欢你"。第二天他真的按时来上课了。

通过青椒计划的学习，再回想 A 和 B 的事情，我发觉孩子们缺少的都是家人和朋友们的关爱，在校也得不到同伴的关注，所以有了"跑"和"逃"的念头。对于这类学生，应该对他们加以关心，让他们得到关注、得到重视、得到认可，这样孩子才会去认真地学习生活，才能真正融入到"大家庭"里面。其实孩子调皮捣蛋，只是想得到关注和认可。我班里几个调皮捣蛋的孩子几乎都是父母不在身边，由爷爷奶奶看管长大的。家里孩子多，家长对孩子的关心太少。孩子没人分享喜悦和难过，在校也就有了厌学的表现，到处惹是生非。通过青椒计划的学习，我掌握了很多心理疏导方法，试着跟他们深度谈心进行疏导，他们多数都会认真听训，没有反抗情绪，他们其实更想得到关心和关爱。只要我们肯用心教导，让他们在课堂上得到关注，适当地表扬他们，让他们感觉到爱，感觉到自信，他们自然会有所成长。同样是"关注"，他们更喜欢表扬夸赞的关注，而不是同学厌恶、老师反感的关注。

人心换人心，我相信只要我们对他们足够用心、关心，终有一天会得到他们的心。

感谢"青椒"的一路陪伴，让我带着我的每一个学生，成长为最好的自己。

图 3-5 张明月老师照片

与"青椒"同行,扎根乡村教育事业

甘肃省临夏县韩集初级中学　周海俊(第三届"青椒"学员)

2019年夏天,当我在广东一所高职院校即将转正之际,我决定辞职回乡,这让很多亲友感到非常不解。他们不知道,亲历过南方城市不一样的教育,我决定回乡当一名教师,为改变家乡教育状况贡献自己的力量,这不是一个冲动之举。2019年,我以特岗教师的身份进入初中母校,昔日恩师成了同事,真可谓十一年如一梦,心中的喜悦难以言表。但面对乡村教育这份担子,也多了一些压力、多了一些思考:我该如何胜任乡村教育教学工作?

初到岗位不久,我便有幸参加了青椒计划的培训课程。培训让我在教育理念、业务能力、教学方式、思维模式等方面得到了提升,帮助我快速成长。作为新入职的乡村特岗教师,遇到青椒计划,便有了我和"青椒"的同行故事。

图3-6　周海俊老师照片

一、相遇·欣喜

新教师在如何转变身份、如何备课、如何进行课堂教学、如何做好班主任工作等方面需要加快学习，青椒计划为此开设了一系列课程。"新教师如何备课""新教师课堂教学的建议"等课程讲了从实践中总结出来的备课、讲课的经验和技巧。对于乡村教学的备课要特别讲究技巧和效果，巧妙合理的备课才能让学生更好地理解。在学校新教师汇报课中，按照青椒计划课程的备课，让我感觉比较节约时间、符合新课标要求，优于一些老套的思想方法，课堂效果也很显著。备课、讲课是教师最基本的功力，青椒计划课程系统详细地讲解了备课中如何合理选择和有效使用教学资源，细微到教学中如何设计板书和课堂总结，这对新教师有极大的帮助。

在分科学习中，我选择了中学数学。通过11节课的学习，我的专业水平有了很大的提升。数学是很多学生感觉枯燥难懂的课程，所以作为数学教师，没有过硬的专业水平，很难将课堂教学落实好。经过分科学习，我在教学方面有了更清楚的认识。如何做好课堂导入是一节课程是否成功和有效的关键。在数学课程中，很多知识和问题的导入可以以"生活数学化，数学情境化"为指导，从现实生活的实际问题出发考虑。数学源于生活又不等同于生活，我们要善于转化、思考、总结。青椒分科学习提出了融合微课进行课堂导入、课堂教学，这样的教学方式对我而言是很大的突破。改变传统教学模式，融合微课后，可以将课堂还给学生，极大提升了学生学习的兴趣和积极性。

在青椒计划打卡作业中，我见识到了很多优秀的青年教师对教育的认识，学习到了非常好的思想见解。同时，在课程中我也与一些优秀教师在线上进行了经验交流。青椒计划平台汇聚了九千多名的乡村青年教师，"三人行必有我师"，我们从彼此的身上都学习到了宝贵的经验，从实际工作中能看到自己学以致用带来的变化，能做到内化于心、外化于行。

由于疫情影响，2020年春季学期开启了线上授课的模式，这给我们带来了巨大的挑战和压力，因为我们新教师线上授课的技巧和能力相当薄弱。青椒计划开设线上教学能力提升和经验分享，特别切合实际。线上教学和线下教学相结合的模式已经成为趋势，越来越受到学生、家长的认可。青椒计划应对疫情的线上教学课程对我们线上教学技巧的学习和能力的提升有很大帮助，特别及时，弥足珍贵。在一年的学习中，根据我们成长的不同阶段和层面，青椒计划都能很好地推出相应的课程。我们在不断收获、不断成长，而青椒计划也在一步步成熟。

总之，对我们乡村青年教师来说，青椒计划课程的学习是一种自我专业水平、业务能力提升的捷径，对新教师的成长和发展有重要的指导引领作用。

二、感恩·同行

图 3-7　周海俊老师与任友群司长线上交流

2019 年 12 月 25 日，教育部教师工作司任友群司长为青椒计划带来了题为"做教育扶贫的先行者"的讲座。我有幸代表临夏州 3200 名参加青椒计划的乡村青年教师和全国 9027 位第三届青椒计划学员与任司长进行线上交流。作为一名新入职教师，我对乡村教育和教育扶贫的认识是片面和浅薄的，而任司长对教育扶贫的独到见解和讲解让我对乡村教育有了更深的认识，对乡村青年教师有了更准的定位。教育是阻断贫困代际传递的治本之策，贫困地区教育事业是管长远的，必须下大力气抓好。我们是乡村教师，也是建设和发展乡村教育的主力军，任司长把我们基层教师称为"新时代最可爱的人"。在聆听的过程中，我更清楚地认识到自己的定位：把自己放到教育发展大格局、大扶贫格局中，才能指引自己更好地工作，有所作为。

2020 年 5 月 19 日，任友群司长深入临夏县调研教育扶贫工作，特意到我校检查指导工作。去年 12 月线上交流时，任司长说有机会来临夏看我，半年后任司长千里赴约，与我线下见面并合影留念，这让我更加坚定了奋斗目标：扎根乡村教育事业，为乡村教育奉献一生。难忘任司长的嘱托："不忘初心，牢记使命，立德树人、教书育人，以大毅力不断前行，为乡村振兴贡献一份力量，扎根乡村教育事业，未来可期。"这让我在工作中更有干劲，主动作为、主动担当、主动探索教育教学理念，也让我对教育事业更加热爱、献身乡村教育的决心更加坚定。

图 3-8　任友群司长和周海俊老师线下见面并合影留念

截至 2020 年下半年，全国参与青椒计划的特岗教师超过两万名，我深知助教工作任务重，但依然选择成为一名助教，为七个区县的学员服务；同时担任助教团的副团长，协助秘书处做好统筹工作，团结好区县助教，为234个区县服务。近期，我们助教也在参与凌云教育提供的 LCT 培训，这是一种全新思维和理念的培训。"青椒"，在一步步成就每一个平凡的乡村教师；作为助教，我也愿意为"青椒"的社群化学习增添一份力量。在这个过程中，我的能力也在不断提升，遇见"青椒"，遇见了更好的自己。

三、未来可期

如今，身处助教的位置，我看到青椒计划的社群运营孕育出了优秀的新生力量，不断地有种子学员涌现出来，"青椒"的影响力在不断地扩大、提升。青椒计划以大担当为乡村教师赋能，令我看到了未来乡村教育燃起的星火。

一年来，作为一名教育工作者，我奋斗在教育一线，看到了自己的成长，从学员到优秀学员，再到助教，这是我的成长历程。作为亲历者，我也看到了青椒计划走向成熟，看到了青椒计划不断地创新，其受益范围越来越大，受益人数越来越多。

2020年，青椒计划承办了"第二届中国西部教育发展论坛——联合起来探索教师培训新路径"分论坛，这足以说明青椒计划在教育领域中的大格局和突出成效。作为青椒计划的直接受益人和一名"青椒"助教，相信未来的乡村教育事业将在青椒计划及社会各方的"集合影响力"加持下蓬勃发展。

未来，愿广大乡村教师随着青椒计划的逐步发展，遇见更好的培训，遇见更好的自己。

"青椒"陪我长大，我陪"青椒"壮大

四川省攀枝花市盐边县中学校　吕金梅（第三届"青椒"学员）

我是2020年6月才从第三届青椒计划毕业的学员，也是第三届青椒计划分科助教。从热情似火的6月到万籁俱寂的12月，正好是半年时间。时隔半年再回首往昔参加第三届青椒计划的峥嵘岁月，心里浮起淡淡的感伤。那段悄悄拔节的努力时光，不仅感动了自己，也惊艳了所有人。青椒计划一年的陪伴，让我难忘，让我不舍。

在青椒计划的学习和培训中，我通过自己的努力评上了优秀学员，我的小打卡作业多次在课前暖场中被分享，我也因此得到了学校领导的认可和鼓励。但是青椒计划深深吸引我的，不是因为表现好可以得到领导的关注，而是它自身无穷无尽的魅力。

入职一年半以来，我也参加过大大小小的许多培训，但是始终最爱青椒计划。有的培训是录播课，缺少互动；有的培训课程安排太密集，又要上班又要听课，感觉疲惫不堪。青椒计划规避了以上种种线上培训的缺憾，给我的感觉非常棒。青椒计划的课程分为专业课程、师德课程和分科课程三大板块，课程内容十分丰富。尤其是在分科课程的学习中，我的成长特别快。青椒计划自身也在不断完善课程安排，比如，上一届的课程安排秋季学期是专业课和师德课，春季学期是分科课程。上半年偏理论，下半年重实践，但下半年的培训显得有些枯燥；2020年，特岗青椒计划调整了课程安排，让理论和实践相结合，结构更加合理。

刚刚来学校上班的时候，领导一再叮嘱我们新老师要赶紧完成从学生到教师的转变。刚开始觉得领导说得很对，可是过了一段时间，领导还是说我们没有完成从学生到老师的转变，我心里就十分懊恼了。幸好有"青椒"陪我长大，在"青椒"的专业课程中，我学会了很多班级管理的方法，发现了一群与自己一样在乡村工作的同行，也发现还有汤敏老师、吴虹校长这样优秀的人在关心着乡村教师的发展。在师德课程中，我找到了在贫困山区把工作坚持下去的动力，雪域高原那位美丽女老师与她的学生的故事，至今想起来仍然让我的心中充满着感动。那些平凡的小事引起了我强烈的感情共鸣，那位美丽的老师也成了我心中师德的榜样。在分科课程中，我报名参加了分科助教，不仅要与中学数学老师一起学习先进的教育理念和教学方法，还要负责一部分课程的课前暖场，刚开始是紧张的、羞涩的，熟练了之后是骄傲的、激动的。伴随着第三届青椒计划培训的结束，我也圆满地完成了从学生到教师的转变。

2020年，是不平凡的一年。新冠肺炎疫情让世界各地的人民苦不堪言，在那段漫长的宅家时光中，青椒计划成了我与新教育之间的媒介。虽然开学推迟了，青椒计划的培训推迟了，但我的学习从未中断过。我上午学习线上教学，变身"网络主播"，真正做到了"停课不停学"；下午学习新教育，在普通版CCtalk上听朱老师和飓风老师的新教育课程，看两位老师推荐的关于新教育的书籍；晚上看些散文、小说或诗集，提升自己的文学素养。

开学之后，我接下了一个班的班主任工作。因为学习"青椒"，学习新教育，我的班主任工作得到了家长、同事和领导的高度认可。领导评价我的班级管理比干了十几年班主任的老教师都做得好。可是我并不满足于现状，而是默默学习，希望通过看书、听课丰富自己、提升自己。时间是很宝贵的，我希望在未来多一些像青椒计划这样高质量、有意义、真正能提升教师能力的培训。

如今，我与第三届青椒计划的故事已经结束了，但是我与青椒计划的故事还在继续。一日为"椒"，终生为教，很感谢青椒计划的信任，让我得以继续担任特岗青椒计划的助教。我一定不负厚望，尽心尽力完成助教工作，也会把在青椒计划中学到的宝贵知识运用到工作中，把青椒计划的良好影响带到我工作的地方。我希望未来的一年、五年、十年……一生都能与青椒计划同在，也希望与时俱进的青椒计划越办越好，不断壮大，给更多的乡村青年教师注入能量。

青椒计划带我创造美好未来

甘肃省白银市会宁县老君坡镇阳赵小学　张颖（第三届"青椒"学员）

人生没有彩排，每天都是现场直播。

——题记

作为一名刚刚从学校毕业的新老师，需要不断通过理论和实践的学习使自己不断进步。通过青椒计划一学期的培训，我从迷茫、不知所措，到现在变得自信、乐观。青椒计划是一个和一群有趣的人一起学习知识、共同探讨未来、分享优秀教育教学理念与实践的大平台。2019年开始，我有幸成为"青椒"一员，每周通过直播软件 App 聆听名师授课，课后举一反三，并把课后所思所想写在小打卡上，这让我在教学上有了很大进步。我不再照本宣科，而是尝试先进教学理念和创新的教学方式，极大地调动了学生们的积极性，改变了原先乏味单调的课堂气氛。"青椒"培训让我真正领悟到"什么条件都可缺，唯独不能缺思想"的真谛，使我的教学有了很大的进步！

还记得2019年8月，我带着教师梦踏入了一所农村小学，开始了我的教学生涯。当踏入校园的时候，我就被感动了。没有华丽的教学楼，只有整齐的砖瓦房，却回荡着朗朗书声；没有橡胶水泥的操场，只有一片黄沙土地，却干干净净、整洁大方；没有高大上的办公室和设备，但是明亮的办公室充满了朴实、幸福的欢笑。我知道，这是我梦开始的地方，我要在这里生根发芽、教书育人了。

2019—2020学年的寒假尤其不平凡，空荡荡的街道仿佛徘徊着一个让人生畏的东西——"新型冠状病毒"，人们原本对春节的期待变成了紧张和焦虑。作为一名人民教师，我自知没有医护人员救死扶伤的本领，也没有军人挺拔而有力的身躯，但我也有和他们一样参与战"疫"的愿望，也想在自己的岗位上为这场疫情做出自己的贡献！按照教育部和上级的"停课不停学"的部署，我立刻投入到青椒计划网络学习中。这一段时间的网络学习，提高了我对现代化教学的认识，也加深了我对"停课不停学"的理解。我通过家长微信群给学生布置作业，在线上答疑解惑，与学生们一起共同学习、共同进步！

有人说，教师是蜡烛，燃烧自己，照亮他人之路；也有人说教师是园丁，辛勤劳动，浇灌祖国花朵；还有人说教师是石阶，默默承受，助力学子登攀。可我的成长经历告诉我，你成就别人的同时更成就了你自己。正因为自身的努力，才做出了可喜的成绩，才获得了家校的一致认可。

孩子们的一生可能精彩无比，但身为小学教师，能够在他们人生起航的阶段，陪他们度过一个有意义的童年。当他们长大成人，回想起人生第一个凤凰花开的路口时，会感慨：寒来暑往，春去秋来，那年凤凰花开，有一簇簇阳光般的花朵陪伴着我们一起绽放。

青椒计划让我明白了学无止境，活到老，学到老。心中记好"学"字，贵在坚持，每个星期都给自己规划一个目标，向着目标前进。莫言曾经说过：当你的才华还撑不起你的野心的时候，你就应该静下心来学习；当你的能力还驾驭不了你的目标时，就应该沉下心来历练。而我通过青椒计划，更明白了只有拼出来的美丽，没有等出来的辉煌，机会永远留给最渴望的那个人。我学会了与内心深处的自己对话，问问自己，想要怎样的人生，静心学习，耐心沉淀。

感谢青椒计划，让我得到各种进步。我相信自己会越来越好，在青椒计划的帮助下，和其他乡村老师一起成长，遇见未来——未来不是我们要去的地方，而是我们要创造的地方。如培训老师所言，未来并不遥远，今天就是昨天的未来，明天就是今天的未来。是的，不要把未来想得遥不可及，而是应该把握当下，让自己每天都过得踏实且有收获。

我鼓励自己：努力地奔跑吧！人的青春只有一次，这将是我们一生宝贵的回忆。希望当我年纪大了，坐在火炉边时，回想起自己的青春，回想起自己年轻时所做的事情，不因虚度年华而悔恨，也不因碌碌无为而羞愧。长风破浪会有时，直挂云帆济沧海。愿我们和青椒计划一起，乘风破浪，不忘初心，砥砺前行，创造自己和孩子们的美好未来！

一日为"椒",终身为教
——乡村青年教师成长新路径

青椒计划运营管理项目官员　刘树静

一个人的成长是优秀,一个优秀的人能带动一群人共同进步,才能实现价值最大化。

——题记

"直播开启,镜头前灿烂的笑脸;社群运营,群内用心的解答;突发状况,临危不乱的镇定;作业批改,逐字逐句的斟酌……"受益于"青椒",反哺于"青椒"。他们有个共同的名字——"青椒"助教。

青椒的课程中,最不能被忽略的就是课程前的暖场环节和课后答疑环节,这里都有"青椒"助教的贡献。他们的主要任务就是辅助项目组进行日常工作的运营,保障项目有质量地实施。"青椒"助教,是青椒计划最大的特色和亮点,不仅体现了种子教师的示范引领作用,更是青椒计划生命力和延续性的展现。

一、志同道合·携手并肩

一年为期,云上相识,五湖四海,共上一节课,同写一份收获。虽不曾相见,但因同为"青椒学员",同在乡村发光发热,无形中的同感力让大家心更近、情更深。自2017年9月至2020年6月,青椒计划启动三年以来,共服务了来自23省、249个区县的近六万名乡村青年教师。青椒计划的学员遍布祖国各地,种子已经遍地开花。"本以为一年的'青椒'学习结束后,再也不会和'青椒'有联系,真的没有想到还能成为助教为青椒计划服务,这种感觉就像回到了娘家,'青椒'的导师和助教就是我的'娘家人'。"这是第一届优秀学员杨会仙成为助教后的反馈。杨会仙是云南省富宁县2017年入职的特岗教师,通过自己的坚持和努力,2020年她和当时同为学员的范琳琳两人被富宁县教体局调任,负责全县的新教师信息化培训工作。相信所相信的,你的努力终将会被看见。正因为有和杨会仙老师一样热爱教育、志同道合的人一起携手并肩,大家才会走得更远!我一直相信,有那样一种固执的相信和等待,可以冲破所有的藩篱,跨越未知的障碍,在漫长的人生际遇中交会，变成彼此轨道上融为一体的光芒。

二、披荆斩棘·共克时艰

优秀的人不是天生就优秀的，正所谓师傅领进门，修行在个人。青椒计划作为一个联结各方资源的平台，不仅是资源的联结，更是情感的联结。"青椒"助教李秀琴老师和李兰芝老师，她们一个来自山东，一个来自广西。地域不同的她们却有两个共同的特点：同为青椒百优学员，也都是两岁宝宝的妈妈。助教的工作很繁杂，在自身课业压力及其他任务的多重压力下，两个人依然能把助教工作完成得相当圆满。李兰芝老师说："确实很难，都是用自己的课余和休息的时间来完成任务，甚至牺牲陪孩子的时间，但这一切都是我愿意的，我觉得自己能为青椒计划贡献一点力量，是我个人的价值体现。""'青椒'给予了我能量，我也要贡献自己的光热。办法总比困难多，只要心中有光，就不惧怕黑暗。"李秀琴老师如是说。有志者事竟成，只要齐心、笃定，没有什么是困难。

三、未来可期·薪火相传

大规模互联网在线学习，青椒计划的探索和实践使之成为常态。2020年初，新冠肺炎疫情让各行各业面临前所未有的挑战。"停课不停学"使得教师的三尺讲台变为小小电脑直播间。在这一大挑战下，全国各地学员发挥了自己的价值。因为有过在"青椒"一年线上培训的经验，大家已经适应了网上学习。天降重任，"青椒"敢为先。来自黑龙江的第二届优秀学员杜芳芳，担负起了全县教师线上授课培训和指导的重任，虽然也会紧张和焦虑，但是在自身毅力、自信和决心的合力下，疫情期间她协助大部分老师井然有序完成授课任务，也因此成了当地最受欢迎的、具备超强信息化素养的老师。现在杜老师还时常在"青椒"校友群分享自己的信息化教学经验和技术应用方法，让更多的老师受益。杜老师说："我很愿意将我的经验分享给大家，是青椒计划的开放和包容感染了我，也在不断地鞭策我成为博爱之人。"万众一心，众志成城，薪火相传，未来可期！

四、一日为"椒"·终身为教

爱，是教育的灵魂；没有爱，就没有教育。青椒计划之所以受广大学员喜爱，就是因为她一直在用爱浇灌、用心陪伴。来自临夏州的第三届"青椒"学员周海俊，在2019年12月任友群司长为全国"青椒"学员上课的时候,有幸与任司长连线对话。司长非常关注临夏州教师的成长,承诺有机会就去见他。没想到这一承诺很快就成了现实。周海俊现在是青椒计划的区县助教,他说:"见到任司长后心情久久不能平复,'青椒'带给我的不仅是教学技能的支持,更教会我鼓励与爱。我愿意加入助教,虽然我很年轻,但我愿意贡献自己所有力量,在成长中不断进步。"来自新疆的张明月老师同样是第三届优秀学员,虽然有两个小时的时差阻力,但阻断不了她为青椒计划贡献光和热的心愿。张老师说:"是青椒计划让我看到了乡村教育希望的曙光。'青椒'不仅教给了我如何提升教学技能水平,更教会了我如何成为一名真正的好教师。"在青椒计划润物细无声的浇灌下,学员们渐渐都找到属于自己的方向。一日为"椒",终身为教。乡村青年教师们正在向着"有理念信仰、有道德情操、有扎实知识、有仁爱之心"的四有好老师迈进。

国务院参事、友成企业家扶贫基金会副理事长、青椒计划发起人汤敏先生说过:扶贫先扶智,扶智先强师。青椒计划三年的探索和实践表明,只有乡村的青年教师成长和强大了,乡村地区的教育才会有新的飞跃。青椒计划不仅为青年教师提供学习平台,还提供了更多的机会:被看见的机会、展现自己的机会。不仅提高了受益于本项目的教师的教学技能,拓宽了他们的视野,更为全国近一百万乡村青年教师探索出了一条全新的成长路径。

第四章　资源整合，激励成长

第一节　相关领导指导

在 2020—2021 特岗青椒计划启动仪式暨 2020—2021 年度学员开学典礼上的讲话

国家教育部教师司副司长　黄伟

各位领导、同志们、老师们：

大家晚上好！很高兴参加 2020—2021 特岗青椒计划启动仪式暨 2020—2021 年度学员开学典礼。首先我代表教育部教师工作司向特岗青椒计划的顺利启动和第一年度的顺利开学表示热烈的祝贺！

图 4-1　黄伟副司长发言

  2020年是决战脱贫攻坚、决胜全面小康之年，也是乡村教育发展的关键之年、收获之年。上个月，教育部、中组部、中央编办等六个部门印发了《关于加强新时代乡村教师队伍建设的意见》，提出"努力造就一支热爱乡村、数量充足、素质优良、充满活力的乡村教师队伍"的要求。"特岗计划"作为乡村教师队伍补充的重要来源，是中国教育的创举。从2006年启动实施以来，"特岗计划"已经走过了十五个年头。十五年来，从实施之初的每年1.6万名计划，到2020年10.5万名计划，累计招聘95万余名特岗教师，覆盖中西部省份的1000多个县、三万多所农村学校。通过特岗计划直接或补充的教师是新中国成立以来数量最多、学历最高、待遇保障最为齐全的新一代农村教师。近百万特岗教师秉承教育情怀，努力践行"四有"好老师标准，默默奉献乡村教育事业，影响并改变着千千万万乡村孩子的命运，成为中西部贫困地区扶贫帮困的生力军。

  进入新时代以来，习近平总书记把"建设高素质教师队伍"定位于建设社会主义现代化强国的需要，对教师队伍能力和水平提出了新的更高的要求。随着信息化不断发展，知识获取方式和传授方式、教和学的关系都发生了革命性变化，这也对教师队伍能力和水平提出了新的更高的要求，给教师的知识储备和素质带来了新的挑战。今年9月9日，第36个教师节来临之际，总书记发表教师节重要寄语，殷切希望广大教师不忘立德树人初心，牢记为党育人、为国育才使命，积极探索新时代教育教学方法，提升教书育人本领，为培养德智体美劳全面发展的社会主义建设者和接班人做出新的贡献。总书记的寄语高瞻远瞩、内涵丰富、催人奋进，我们要深刻领会总书记寄语的重大意义和精神实质，把思想和行动统一到重要寄语精神上来。由友成企业家扶贫基金会、北师大、中国光华基金会、华为云 WeLink 发起的特岗青椒计划，既是贯彻落实总书记教师节重要寄语精神的一项公益计划，也是按照教育部做好 2020 年特岗计划实施工作的要求，做好特岗教师入职前培训工作，帮助特岗教师提升师德修养，提高教育教学能力和水平的一项工作安排。

青椒计划已经顺利开展了三届，刚才我们一起回顾了三年青椒的成果，汤敏理事长介绍了青椒计划的初心、使命及目标。青椒计划践行了"集合影响力"的理念，采取"互联网＋教师教育"的方式，有效解决了乡村青年教师在工作、学习中面临的诸多问题和挑战，为青年教师成长提供大规模、低成本、高效能的解决方案，取得了丰硕的成果。今年，基于三年来大规模乡村教师在线培训的经验和模式，友成基金会联合了更多学术组织、公益机构和爱心企业，首次将青椒计划延伸到"特岗计划"中，有针对性地为新入职特岗教师免费开展为期一年的网络培训，探索开创了"互联网＋"背景下乡村特岗教师成长新的路径。

面对新形势、新任务、新的培训模式，各地负责教师管理、培训的教育行政部门要把教师培训摆在重要的位置，结合本地实际情况做好已经报名参训教师的组织管理工作。广大 2020 年新入职的青年特岗教师们要提高认识，珍惜本次培训机会，合理安排好时间，全身心投入到学习培训中，通过学习，更新知识结构、拓宽认知视野、提高专业素养和技能，为个人的职业发展和祖国的乡村教育事业积蓄力量。

最后，感谢社会各界对乡村教育事业的关心和支持！祝特岗青椒计划首年度开班成功！祝各位青年特岗教师学有所成、学有所获！

谢谢大家！

2020 年 10 月 28 日

第二节 优秀地方合作伙伴

推进青椒计划，促进教育均衡

内蒙古呼和浩特市社会扶贫工作促进会副秘书长　王华

青椒计划项目是为全面贯彻习近平总书记关于教育的重要论述和全国教育大会精神，深入落实《中国教育现代化2035》《中共中央国务院关于全面深化新时代教师队伍建设改革的意见》和《教育部等六部门关于加强新时代乡村教师队伍建设的意见》，为加强新时代乡村教师队伍建设，努力造就一支数量充足、素质优良、充满活力、热爱乡村的乡村教师队伍而创立的集合影响力公益项目。友成企业家扶贫基金会、北师大、沪江网于2017年9月联合发起青椒计划，帮助乡村青年教师应对在工作、生活中面临的诸多问题和挑战，帮助青年教师提升教学质量，促进乡村教育发展。青椒计划是斥巨资、延名师，专门为乡镇学校开发的优质教育资源项目，助力解决"教不好"和"留不住"的问题，同时为赋能每一位青年教师全面发展，探索出一套推进教育公平的发展模式。这个项目自2017年9月9日在北师大启动至2020年6月第三届项目培训结束，累计开设课程433节，在全国23个省、249个区县，近六万名乡村青年教师中推广实施，效果很好，广受欢迎。下面我就呼市五旗县乡镇学校青椒计划公益项目实施情况总结如下：

一、项目开展

2017年9月，呼市社促会向友成基金会争取到青椒计划公益项目，在呼市五旗县乡镇学校试点实验。通过三年试验，给我们最大的感受是实现了"三提升两满意一喜欢"：青年教师教学水平得到提升、学生学习成绩得到提升、学校教学质量得到提升；青年教师满意、学校满意；领导喜欢。

二、取得成绩

呼市争取到青椒计划公益项目，这在自治区是唯一一家。自试验开始，在呼市社促会的领导下、呼市教育局的支持下，呼市社促会、旗县教育局和项目学校都成立了项目专业技术领导小组，设计了行之有效的实施方案，制定了切合实际的激励制度，加入了项目交流群，建立了学员研学群，研究出事半功倍的管理指导方法，发挥了青年教师的聪明才智，培养了勤奋好学的学习习惯，使得"青椒"学员健康成长，学以致用，教学成绩不断提高。

从2017年9月青椒计划公益项目落户于呼市五旗县乡镇学校，在呼市社促会的领导下，教育局和项目学校领导精心组建领导小组，积极参与管理指导。迄今走过了三个年头，覆盖了五旗县全部义务教育学校和部分旗县高中学校，受益教师1158人。土左旗教育局连续三年荣获全国优秀年度组织奖，我也连续三年荣获全国年度优秀组织管理奖，成为2018年7月全国唯一受邀出席青椒计划暑期百名优秀"青椒"学员研修营开幕式和培训活动的旗县教育局领导。三年来，呼市五旗县学员中荣获"全国优秀青椒学员"奖励的有61名。第一届学员中荣获"小狮子优异奖励"的有12名，在全国名列前茅。其中，土左旗第一届学员中荣获全国优秀学员奖励的达32名，荣获"小狮子优异奖励"的达8名，这个成绩在全国是令人瞩目的。三年中我们也孕育了一批"青椒"助教，譬如，土左旗的全国优秀学员韩瑞桃、薛晶敏、赵静、韩慧玲，托克托县的吴胜男，清水河县的张冬梅，林格尔县的张倩和武川县的张玉芳。他们是已结业或正在学习中的"青椒"学员，他们了解"青椒"、了解乡村教师、了解乡村教育现状，渴望快速成长，因而更加珍惜自我成长的机会，也希望青椒计划越来越好，让同为青年教师的"青椒"学员能够从中获得更多知识技能。"青椒"助教展现了中国当代青年教师的良好品格，他们真诚、认真、负责，在自己的教学工作之余，也为乡村教育发展和乡村教师成长而默默付出。

对青椒计划项目，呼市五旗县乡镇学校教师领导一致认为接地气、有新意，对青年教师的健康成长、能力提升有很大的帮助，特别是助力当地教育在信息化、智能化方面与时俱进、效果显著。一些青年教师自豪地说："我们乡村教师也能学会北京、上海的信息化、智能化好课堂！"他们参加"青椒"培训后，对教学信心百倍。旗县教育局也更加重视。2020年9月第四届特岗青椒计划报名更加积极，突破限制，五旗县共计报名806人，创历史新高。

三、具体做法

有了好项目和优质资源就一定能有好效果吗？答案是否定的，关键还要看怎么实施项目和使用资源，谁来领导、谁来管理、谁来研究、谁来实践、谁来推进。土左旗青椒计划项目领导小组在这方面积累了不少好经验。

（一）观念新，认识深。教育已进入信息化、智能化时代，青年教师培训和教师队伍建设，必须具备现代观念和超前意识，迎接信息化和大数据的挑战。土左旗白庙子中心校的领导班子就做到了这一点。他们克服困难，吸纳新观念、新方法，勇于尝试，积极探索。正是基于这样的认识和作为，积极尝试实施青椒计划项目和其他优质资源项目，不断总结实践，取得了良好成效。青椒计划项目的实施，让土左旗乡村青年教师享受到全国先进水平的培训。我在研学群中充分调动青年教师的学习积极性，设法帮助青年教师解决学习中的问题和困难。每次学习我亲自给学员们转发学习内容和学习时间，对学习中的简书创作和打卡日记及时给以鼓励，经常参与青年教师之间的交流，告诉他们一些经验。再加上小狮子计划，使他们对学习更有兴趣、更加积极。特别是科学、音乐、美术、体育课程的分科课程学习，使他们学到了真本事。我经常深入学校参与青年教师的课堂教学展示。

（二）有魄力，接地气。社会上各种教师培训资源，铺天盖地，质量参差不齐，怎么选择、参加哪一种，是个技术活，考验着一个领导的眼光和魄力。土左旗白庙子中心校已进入乡镇中心校第一方阵，跻身名校行列，如果项目资源选择不对，拖了教学质量的后腿，家长绝不答应。土左旗三中地处城乡结合部，招生是学校所有工作的重中之重。如果项目资源使用不成功，学生流失，家长反对，连生存都是问题，谈何办学。即便面临这么大的压力，两所学校积极进取，分学科有步骤地实施青椒计划等项目，直至取得成功。他们的经验说明，面对资源不能一概拒绝，先拿来搞试点，证明确实是优质资源，符合学校实际，能满足师生需求则留下，反之请出学校，画上句号。

（三）组建团队，科学管理。优质项目的推广落实，前提是领导重视，组织严谨，管理有方，促进得力。土左旗项目领导小组的做法是先成立领导小组，教育局局长亲自担任组长，组员分工明确，各司其职，环环相扣，一抓到底，确保每个环节都能落在实处。土左旗白庙子中心校在土左旗教育局项目领导小组的领导下，把青椒计划项目和学校教学有机结合，统筹安排，形成一个闭环。项目资源给教师赋予能量，给课堂增加新鲜元素，提升学生学习的自信心，取得了好成效。可见，即便有了好的实施方案，也必须选择有事业心、业务能力强、有担当的人全面负责这项工作。土左旗白庙子中心校李自刚主任，在校长领导下真抓实干，咬定青山不放松，指导学员结合学生实际，夜以继日、深钻细研、精益求精、学以致用，最终抓出了青年教师的成长，抓出了成绩，抓出了学校特色。

（四）建立激励机制，调动教师积极性。引入优质资源，增加试验项目，必然给教师增添工作量，带来压力，比如工作了一天，到了晚上七八点没做家务又要学习、打卡、还要完成简书创作，常常忙到晚上12点，压力是非常大的。我也经常在网上指导、批阅学员简书作业到深夜。土左旗白庙子中心校通过建立激励机制，鼓励和引导教师投身新观念、新技能、新方法，除物质奖励外，注重激励教师自身发展和能力提升。他们利用试验项目带动学校、教师、学生的文化发展，用网上教学研究促进校本教学研究的发展，通过试验项目给教师提供工作中学习、学习中工作的成长环境。对青年教师就是师徒结对子的好模式，对有经验的教师就是教学经验与同仁分享共勉的好机会。试验教师通过青椒计划等项目，把教学班当成试验班，用所学知识技能、思想方法开展教学研究，起到更大更好的作用。第一届白庙子中心校"青椒"学员荣获"小狮子优秀奖励"的有10名，荣获"小狮子优异奖励"的有五名，这在全土左旗、全呼市、全国同类学校中都名列前茅。

友成基金会把优质教育资源送到了学校，为学校教育教学赋能助力。只要我们积极指导、精心研究、认真实施，一定会实现"1+1＞2"的效果，也会促进学校内涵发展，助力乡村教育信息化2.0行动计划，缩小城乡教育差距，促进教育均衡。

此外，呼市社促会三年中，开展项目调研六次，召开现场会、推进会、经验交流会、表彰会多次。积累资料，总结经验，肯定成绩。

总之，在青椒计划实施过程中，试验学校、试验教师克服重重困难，实践教育扶贫项目，探索教学方法初见成效。虽然依据各试验学校试验班的实际情况，都有具体的做法，但尚需进一步完善，任重而道远。需要精力，需要智慧，需要支持和帮助，方能发挥项目的巨大潜能，使我们呼市乡镇学校的教育教学真正向"教育均衡"迈进。我想说，互联网让教育更公平，互联网让教育更美好！先进学校是我们的榜样，而我们也会通过自己的成长和进步成为呼市教育的骄傲！

最后，我代表呼市社促会和五旗县教育局、学校由衷地感谢教育部教师司、友成企业家扶贫基金会、人大附中、北师大、沪江互加等各级教育扶贫协同单位为提升我们乡村学校的教学水平做出的巨大贡献！

统筹合力推进网络扶智，精准帮扶助力乡村振兴
——吉林省网络扶智工程攻坚行动

吉林省电化教育馆　王喆

为深入贯彻党的十九大精神，将习近平总书记关于"发挥互联网在助推脱贫攻坚中的作用，推进精准扶贫、精准脱贫，让更多困难群众用上互联网，让农产品通过互联网走出乡村，让山沟里的孩子也能接受优质教育"的讲话精神落到实处，吉林省电化教育馆自2017年启动了吉林省网络扶智工程攻坚行动，重点面向国家和省级贫困县，以及边远山区的乡村小规模学校，组织动员信息化企业、公益基金等社会力量，进行优质数字教育资源共享、教育信息化应用服务、信息化教学设备和应用软件系统产品捐赠等系列网络扶智公益行动。

一、抓"体系提质"，壮大城乡教育一体化发展的综合实力

为保障项目的顺利开展，首要任务是推进覆盖全省城乡的数字教育资源公共服务体系建设，发挥全省电教系统省、市、县、校四级联动的技术服务优势，实现全省同频共振，做到"全省一体系，资源体系通"。同时，上联国家教育云，融入国家数字教育资源公共服务体系，确保国家资源平台的公益资源能下达推送到网络学习空间，实现"一人一空间、应用促教学"。此外，面向市场，以开放、共享的理念，择优遴选第三方应用接入体系供师生自主选择。基本形成优质资源的动态整合、优化配置与共建共享，基本形成与各学科教材相配套的、动态更新的"平台+"模式的省级数字教育资源服务体系，为"直通村小"云网端一体化的网络学习基础环境提供技术支持和保障，从而实现乡村学校信息化全覆盖，解决数字鸿沟引发的不均衡问题。

二、抓"应用提速"，厚植网络学习空间常态化应用潜力

在完善教育资源公共服务体系的同时，按照区域整体规划、整校推进的原则，加快推动网络学习空间的普遍用、常态用、创新用，使空间成为各级各类学校、全体师生教育信息化应用的重要端口，成为优质资源共建共享的主要渠道。省资源公共服务平台为所有农村学校开通网络学习空间，号召开启乡村学校美丽空间建设与

应用，通过采取众智众筹、寻求社会力量支持等多种渠道，为乡村学校教师免费配发"教学助手"等智能化教学工具，分片区有组织地面向乡村教师进行教学点数字教育资源应用、"教学助手"及网络学习空间应用等专项培训，让乡村教师接受信息时代先进的教学理念和信息化教学方式；让乡村学校的学生畅游网络学习空间，跨越空间距离与城市学校的学生拉手结对；让偏远地区学校的留守儿童家庭通过网络学习空间加强家校沟通。

图 4-2 "直通村小"云网端一体化学习平台

三、抓"研修提效"，增强优质资源高效共享能力

基于网络学习空间开展一系列网络研修活动，助力边远贫困地区学校利用信息化手段提高教学质量，促进城乡教育"公平化、优质化、一体化"发展。

（一）实施了吉林省乡村青年教师社会支持公益计划。自 2017 年 9 月起，联合友成企业家扶贫基金会、北师大和沪江互加计划团队,由点及面发展为全省范围开展的乡村教师网络大规模社群化学习活动。通过在线开展远程培训的形式,开通北大、北师大、华东师大等专家教授针对乡村教师的定制课程,开拓乡村教师视野,解决乡村教师专业成长的痛点问题。

从2018年数据来看,全省共有48个区县、1127所乡村学校的3891位青年教师报名加入了该计划。到2018年底,青椒计划学员课后打卡22583次,教师撰写课后反思累计超过1000篇。龙潭区李家小学的陈曦老师在活动过程中累计书写了45万字的教学笔记,李家小学的其他老师也写了30万字左右的教学笔记,用心记录了网络学习研修、专业成长的量变积累过程。青椒计划为乡村教师提供了接受北京、上海高校专家专业、系统培训的机会,既开阔视野、更新教学理念,又让青年特岗教师感受到关注、鼓舞和希望。社群化学习让乡村教师不再孤独,大家分享交流教学经验,互相鼓励,克服职业倦怠,焕发从教激情,网络社群化学习成为乡村教师专业成长的助推器。吉林省青椒计划学员吉林市龙潭区杨木实验学校王利杰老师说:"我们每个人都是一粒种子,努力地发芽、开花,变成大红大紫的辣椒。在茫茫宇宙中,我们每个人看起来是那么渺小,可当我们汇聚在一起就是一条熠熠生辉的星河。"

图 4-3 第二届乡村青年教师社会支持公益计划结业典礼暨经验交流会现场

（二）开展了2019年暑期兴成长计划。为进一步推动"吉林省教育资源公共服务体系"和"网络学习空间普及应用"工作的有序开展，为教师个人与社群建立有效联结，搭建网络环境，突破地域限制，解决乡村教师"无处可学"的难题，激发教师内生发展动力，我们开展了暑期兴成长计划。该活动历时近两个月，全省50个区县积极参与，共有18028名教师自愿报名参加。全省听课人数达44122人次，教师撰写简书及打卡作业超过1200万字。

图4-4　兴成长计划全省参与分布数据

（三）推出了"美丽乡村网络公益课程"。在注重实现"开齐课"的同时，省电教馆齐抓共治，着力解决"开好课"的难题。全省范围组织参与"互＋计划——美丽乡村网络公益课程"，重点汇聚音乐、美术、科学、手工、英语口语、诗词诵读、网络素养、生命教育等乡村学校所需的核心素养课程。乡村小规模学校将公益课程的网络大课表与本校课表结合，云端互动，双师助教辅学，"互联网＋教育"的专递课堂给乡村学校带来了新气象。

以吉林市龙潭区为例，由教育局统筹规划结合"互＋计划"的实施开设网络直播课，成立助教讲师团，形成区域互联网学习共同体，提供更接地气、符合本地学情的网络课程。吉林市龙潭区教师进修学校以优质教育资源定向辐射到农村为宗旨，集中名优教师创建了名师直播团队，10个直播分队总播出时长2000小时以上，课程总数1000节，为域内乡村教师和学生有计划地定期推送课程。龙潭区李家小学是地道的村小，有的班级只有三个学生，但孩子们按照美丽乡村网络公益课程大课表，跟着班级大屏幕诵读诗词，学习唱歌，"山里红美术"课程在助教老师的辅助陪伴下也有模有样。专递课堂有效缓解了乡村小规模学校专业教师不足、课程难以开足开全的困境，"互联网+"教学的新常态逐渐融入乡村学校的日常教学。

四、抓"区域提优"，迸发区域精准帮扶创新活力

鼓励全省各市县区创新举措开展网络扶智，引导优质学校与薄弱学校利用网络结对帮扶，形成区域互联网学习共同体，提供更接地气、符合本地学情的网络课程。以吉林市为例，聘用来自市内名校的109位名师为兼职教师，形成了"双师"型队伍，组建起吉林市互联网学校。开设城乡同步课堂，采用视频直播互动教学，结对学校学生同步上课、同步作业、同步接受辅导；开设远程专递课堂，由互联网学校和结对优质学校系统提供以视频点播为主的网络课程，帮助农村学校开齐开足课程，解决师资不足问题。2019年互联网学校共完成了400节课专递课堂建设；开设名师网络课堂，由互联网学校和结对优质学校名师开发教学课例及微课向结对学校开放，2019年互联网学校共开展了5000节名师课堂。

图 4-5　吉林市互联网学校平台页面

五、抓"典型提要"，激发乡村教师专业成长动力

城乡结对、"双师"课堂在扩大优质资源覆盖面的同时，带动起一批乡村教师专业化成长的热情。以吉林市龙潭区金珠学校的王晓野老师为例，从2018年9月开始，她在金珠学校支教期间创建了"山里红美术教室"。作为吉林省第一位参与

美丽乡村网络公益课程的授课网师，一张大课表、一台电脑、一根网线、一部手机，就让她和全国各地乡村学校的孩子们建立起网络互动课堂。目前，她给全国17个省60个县、224所学校、532个班级上网络直播课，受益孩子达15000余人。王晓野和她的"山里红美术"，已经成为乡村教育新路上一道靓丽的风景。

六、结语

扶贫先扶智，治贫先治愚。吉林省电化教育馆将继续发挥业务优势，打出创新实干组合拳，持续推进网络扶智工程，加大"授人以渔"的造血式扶贫行动力度，用"互联网＋教育"赋能乡村教师，促进乡村教育振兴！

唤醒乡村新教师，成就未来好老师
——青椒计划三周年记

甘肃省会宁县"青椒"管理员　王定顺

会宁县隶属于甘肃省白银市，位于甘肃省中部，总人口56.41万，其中农村人口占全县人口的70%。全县现有各级各类学校332所，其中乡村中学32所、小学110所、教学点113个、幼儿园58所；在校学生76046人，其中乡村学生38300人；教职工8203人，其中乡村教师4268人。

长期以来，乡村教师短缺、乡村教师队伍结构不合理、优秀乡村教师流失是困扰我县乡村教师队伍建设的主要问题。

虽然国家已出台优惠政策向乡村教师倾斜——提高生活补助、建设更多周转房、职称评聘上有所优待等，但仍有一些因素极大地影响着乡村教师的工作积极性，如成就感缺失。"乡村教师往城里跑，除了城市生活便利，还有一点原因是在乡村教书太没成就感，学生少，且管教相对困难，缺乏有效的指导和约束手段"；"年轻人在自然环境相对闭塞、人际交往比较狭窄的乡村学校，工作量大，外出培训的机会少，很难快速成长，得到期待的成就感和成功的机会比城里老师少"——这都是乡村教师的心声。

虽然近三年我们县通过特岗计划、引进人才计划等手段吸引了近1000名大学生到乡村从教，暂时缓解了乡村学校的用人荒，但是由于长久以来问题的叠加性积累，乡村教师缺乏生活条件、精神引领和心理支持，导致优秀乡村教师"留不住"的问题还很突出。再加上乡村教师都是"一个萝卜一个坑"，几乎都是包班制，教师很难有时间和机会外出培训。乡村教师发展不足成为制约我县乡村教育发展的瓶颈。

2017年，青椒计划给我们带来了福音。看到无需请假顶岗、无需舟车劳顿，只要电脑或手机可以上网，就能够听课学习，这种省时、省钱、省事的培训方式，我一下子就被它吸引了。和领导商议后，我们积极参与至第一届青椒计划，并在全县下发文件，鼓励青年教师积极参与学习。当年，我们就有230多名乡村教师抱着试试的心态，参与到首届青椒计划学习当中。三年来，在这三届1580名学员当中，涌现出了徐瑞丽、王爱红、王雅晋等数十名优秀的青年教师，他们已成为我县有名的青年骨干教师。今年，我们新入职的252名特岗教师已全部参与到青椒计划当中，由"青椒"陪伴他们的成长。

三年来，青椒计划给我们县的近1800名乡村教师直接或间接地带来了理念的提升、课程的培训、活力的激发和成长的动能。

一、知识的力量。乡村教师的生活的确艰苦，很多刚入职的青年教师也是满怀信念，期待与乡村教育共度漫长岁月的。但信念之外，现实仍困难重重。新上岗就做全科教师的他们，无法获得更好的教育资源与专业课程，在上课时面对孩子们往往会束手无策。青椒计划满足了乡村教师的成长需求。有了青椒计划，足不出户，每周培训两次，还能和北师大、华东师大的教授面对面交流，为乡村教师打开了获取新的教育信息之门，懂得了什么才是真正的教育。如我县第二届青椒计划学员徐瑞丽刚到新源镇杨坪小学时，面对的是艰苦的环境、单调的生活和不被理解的落寞，她甚至有过放弃的念头。可庆幸的是，青椒计划让她接触到前沿的教育理念。"青椒计划就像是一个发动机，可以带动更多的人参与其中，借助互联网平台，改变教育的现状。"因为青椒计划，徐瑞丽成长了、自信了、阳光了，从事乡村教育的决心更坚定了。

二、社群的力量。青椒计划为乡村教师提供了多元的学习机会、开阔的视野以及优质的课程资源，用它专业的课程体系：理念＋知识＋技能，提升了青年教师的整体素质。2017年，青椒计划为全国学员带来了18门、144节分科网络研修精彩课程。应用型师德课程提高了乡村青年教师的师德素养、教育自信和立德育人的情怀；分学段的教育专题选修科目，帮助乡村青年教师更精准地对接学科教学需求、更系统地理解全新教学模式；社群化学习，通过网络工具构建学习共同体，形成相互信任和鼓励的社群，用一根网线改变了乡村老师们的职业状态，让他们在抱团取暖中获得了坚持的力量，同时间接地改变了乡村孩子的命运。

三、激励的力量。青椒计划给乡村教师搭建了交流分享的社群，通过独特的计分方式鼓励老师们积极互动。老师们的每一次打卡、每一篇简书都会被计入个人积分体系，通过积分选优评先，激发了老师学习的积极性和主动性。2018年青椒计划，我县的224名学员当中，有14位教师获得"小狮子计划乡村教师奖"。在得知自己获奖以后，王爱红老师说，她开心了好几天，从此下定决心，一定要好好地做好自己该做的事情，一定要做一个全新的自己。如今，她已经是两届优秀助教，成为青年教师的引领者。

四、改变的力量。我们县连续四年积极支持青年教师参与青椒计划，每年都由我担任县区管理员，让青椒计划在我县可持续地推动乡村教师更好成长和发展。2019年和2020年的新入职教师培训当中，我们还遴选历届优秀学员专门给新教师讲述自己的"青椒"故事，通过他们的亲身经历的讲述，让青椒计划成为新入职教师线上培训的首选。我们也在全县建了微信群，让他们有学习的归属感。我县已经把青椒计划学习纳入教师继续教育学分，对学习突出的学员还计入年终考核评优。我县的学员在微信群里这样谈她的变化：

正是青椒计划的出现，才让我原本杂乱无序的生活有了规律；正是通过青椒计划的学习，才让我这个教育小白有了教育的概念；正是通过"青椒"老师和互加小伙伴们的陪伴，才让我这个孤单的乡村教师有了归属感、集体感。如果说他们是我遥远的朋友，那青椒计划学习就是我最近的朋友。青椒计划让我对未来充满憧憬，让我感受得到：你们，一直在我身旁。

通过青椒计划一年免费又宝贵的学习，来自华东师大、北师大、上师大等名校的名师为我们带来每周三的专业课程、寒暑假的分科学习、读书会、华东师大微认证等精彩课程，每个老师选自己所需的课程进行学习，聆听前辈名师们的教学故事，吸取他们的经验教训，免费获得优质的教学资源。慢慢地，在学习中，我们也有了自己的教育思想和教育理念。

经过了一年的学习，我还有机会去南京行知基地参学。"知行合一"是陶行知先生一直倡导的教育理念，去到现场，感受更是不同。我在春学期开学时有幸聆听了杨瑞清校长的分享，还见到了一直在线上陪伴我的"互加"小伙伴们。我到现在还记得一个人在空荡荡的学校里听着他们声音时的场景，谢谢你们。我还见到了很多优秀的"青椒"老师们，之前在简书就有看到大家的一些想法和感受，可真正见面时还是有着很多的感动。因为，我们是一个很大的团体，我们有着共同的勋章、共同的名字："青椒"学员。

"青椒"三年，给我县青年教师带来了丰富的知识和明显的改变。感谢青椒计划给我们强有力的支持。有大的教育梦想，才有大的教育未来。相信今后的岁月，青椒计划能更好地联结各方力量，构建区域教育特色，共筑、共追、共圆素质教育梦，为乡村教育奠基，让乡村教师和孩子的幸福成长梦想成真。

第三节 专业助力项目评估情况(央财简要版)

青椒计划评估报告
——关于乡村青年教师培训计划的评估

2019—2020 年

第三届青椒计划评估报告（节选）

2019—2020 年

中央财经大学
中国人力资本与劳动经济研究中心
2020 年 9 月 22 日

本项目为

中央财经大学人力资本研究中心

友成企业家扶贫基金会

共同合作项目且共同提供资助

青椒计划是针对乡村青年教师开展的在线教师培训项目，每届培训期为一年。

第一届青椒计划于 2017 年 9 月开始，共计 30413 名乡村教师报名参加了培训。

第二届青椒计划于 2018 年 9 月开始，共计 19297 名乡村教师报名参加了培训。

本报告是针对 2019—2020 年度的第三届青椒计划培训效果进行评估，共计 9027 名乡村教师报名参加了本届培训。

声明

本报告为 2019—2020 年第三届青椒计划评估正式报告,之前所有初步报告不作为评估参考,所有内容均以此报告为准。

2020 年 9 月 22 日

项目团队成员

项目负责人

  李海峥 美国佐治亚理工学院教授

      中央财经大学中国人力资本与劳动经济研究中心特聘主任、博导、教授

技术指导

  刘智强 美国纽约州立大学布法罗分校经济系教授

      中央财经大学中国人力资本与劳动经济研究中心特聘副主任

  王小军 美国夏威夷大学（马诺主校区）夏德勒经济系副教授

  杨帆征 中央财经大学中国人力资本与劳动经济研究中心助理教授

  邓兰芳 华南师范大学经济学院助理教授

项目组研究人员

  苏　妍 中央财经大学中国人力资本与劳动经济研究中心博士生

  许伊婷 中央财经大学中国人力资本与劳动经济研究中心博士生

  李　鑫 中央财经大学中国人力资本与劳动经济研究中心博士生

  马明宇 中央财经大学中国人力资本与劳动经济研究中心博士生

  漆　萍 湖南大学经济管理研究中心博士生

  熊咸芳 湖南大学经济管理研究中心博士生

  徐　晶 美国佐治亚理工学院博士生

  顾　鑫 美国佐治亚理工学院博士生

  刘沁怡 对外经济贸易大学助理教授

项目行政人员

  张　羽 中央财经大学—电子科技大学联合数据研究中心行政助理

  董舒月 中央财经大学—电子科技大学联合数据研究中心行政助理

  黄　蓉 中央财经大学中国人力资本与劳动经济研究中心行政助理

  赵舒佳 中央财经大学中国人力资本与劳动经济研究中心行政助理

摘要

针对乡村青年教师目前面临的问题和乡村教育的现状，友成企业家扶贫基金会、北师大、沪江互加计划等 30 多家教育类公益组织、教育类企业、高校及学术研究机构联合发起了青椒计划。该项目旨在解决乡村青年教师在工作、生活中面临的诸多问题和挑战，帮助稳定教师队伍，提升乡村教学质量，促进乡村教育的发展。

本评估报告秉承科学方法分析评估 2019—2020 年第三届青椒计划的效果。通过问卷调查，我们采集了参与项目教师的多方面信息，包括参与程度、社群活动、工作感受、职业认同、教学能力及教师心理等方面的数据，构建了详细度量指标，对青椒计划进行了全面、系统的评估。

2019—2020 年度青椒计划评估报告主要结果如下：

1. 学员的参与动机、教学工作量、是否同期参与其他培训项目、参与青椒计划培训时的网速和流量费用承担能力等方面影响其青椒计划培训的参与程度。

2. 青椒学员对项目评价方面，参与程度高的教师对项目评价更高；东部地区学员对项目效果的评价最高；男性学员对项目效果的评价中认为"项目效果非常明显"和"没有效果"的比例都高于女性；教龄 2 年及以上教师对项目整体评价略高于教龄 1 年及以下教师。

3. 网络社群交流活跃程度有助于学员更加积极地、更深度地参与到课程活动中去，获得更多的积分。

4. 网络社群交流活跃程度高的学员更可能对青椒计划给予正面评价，更可能认为青椒计划优于其他培训项目。

5. 参与青椒计划程度高的教师在工作满意度和职业认同上较其他教师表现出更积极的态度。

6. 青椒计划所营造的网络社群效应对缓解教师工作压力，提高教学工作满意度和职业认同有积极作用，网络社群交流更活跃的教师在各方面工作感受都更积极。

7. 青椒计划培训对教师的授课技能有一定程度的提升，主要表现为参与程度高的学员授课技能明显好于低参与组。同时，上学期认真参与师德课、专业课，下学期再认真参与分科课程培训的学员，其授课能力的提升更大。

8. 在培训过程中，活跃的社群交流有助于提升教师的授课技能。

9. 青椒计划对教师心理状态有正向作用，其正向作用主要产生于上学期的师德课、专业课培训，下学期分科课程基本上不影响心理状态。同时，深度参与更能帮助教师改善心理状态。

10. 网络社群效应对改善教师的心理状态有明显的作用。此外，参与动机更积极的教师在青椒计划培训中心理状态改善更多。

11. 贫困地区的学校资源环境比非贫困地区相对更差。贫困地区的教师参与程度相比较低，且同时参加其他培训活动比例更高。

12. 通过培训，贫困地区教师在生活适应性方面提升较大。贫困地区教师参与社群交流相对更活跃。

基于本期青椒计划评估，我们提出以下建议：

第一，平衡专业、师德、分科课程比重。评估表明，专业、师德和分科课对于不同教师群体的效果有一定差异。因此可以适当调整培训中三门课程的安排与时间分布，适当增加专业课和分科课的比重。

第二，为教师提供更多专业培训。大部分教师希望增加专业教学技巧及学生心理辅导课程。因此，可以适当增加对教师专业教学技巧的培训，为教师提供更多教学资源。

第三，相关课程的安排注重讲师教学经验。影响教师参加课程的重要的因素之一是讲师的教学经验，因此安排经验丰富的讲师可以吸引学员参与课堂。

第四，进一步构建丰富多彩的网络社群，丰富授课形式，增加学员间的交流互动。增加学员参与"青椒"社群互动，营造优质的网络社群学习氛围，能提高青椒计划的培训效果。

第五，改进积分规则，更全面地衡量学员参与程度，更好地激励学员的参与积极性。

第六，完善学员主动参与青椒计划激励机制，增加自主参与，为主动报名参与的教师提供便利。

第七，加强区县管理员管理。区县管理员直接影响项目的实施及效果，未来可以进一步建立对管理员工作的激励制度，加强管理。

第八，建立"青椒"数据平台，构建数据库，加强数据管理。

青椒计划的培训在多方面展现出积极效果。随着项目的推进及经验积累，青椒计划将在乡村教育事业中发挥更积极的作用。

第一章 引言

1.1 青椒计划介绍

青椒计划全称乡村青年教师社会支持公益计划，是由北师大、友成企业家扶贫基金会、沪江互加计划、21世纪教育研究院、西部阳光基金会等30多家单位联合发起的面向乡村青年教师的全新培训模式。主要是为了提升乡村青年教师的教学能力，缓解其初到乡村的生疏感，帮助其快速适应新角色，同时掌握科学的教育理念与教学方式。青椒计划旨为青年教师提供普适性的指导手册，这种指导不仅包括专业知识的教学、学生心理发展，还涵盖现实工作生活中与学生在相处方面遇到的各种问题。

青椒计划开始于2017年9月，目前已进行三届。前两届青椒计划共覆盖全国20个省份、202个区县的49710位教师，开设292节课程，累计参与人次超过130万，学员写作学习心得体会超过8000篇。

第三届青椒计划属于专项计划，于2019年9月8日正式开课，2020年6月20日正式结束。本届青椒计划主要针对三区三州的特岗教师，聚焦中西部国家级贫困县，报名人数达9027人。

第三届青椒计划的课程学习仍采取网络课程的方式，在沪江CCtalk客户端免费随时随地在线学习，以直播或录播方式进行。第一学期主要开设专业课和师德课程。专业课程为必修课程，课程内容由北师大、华东师大教授为青年教师定制，每周三晚上以直播形式授课，并根据课程内容布置作业。教师可通过小打卡提交作业，由助教进行优秀作业评选。专业课程共计开设14讲（不包括开班典礼等）。师德课程为选修课程，主要是教师职业道德与教育教学素养类课程，采用直播和录播相结合的方式，每周六晚上由北师大及全国各地专家、一线优秀教师讲授，共计开设14讲。第二学期主要为分科研修课程，包括幼儿教育、小学语文、小学数学、小学英语、科学、心理健康、体育、艺术、中学语文、中学数学、中学英语、理科综合（初中物理、化学、生物）、文科综合，共计13门分科课程。学员主修一门学科，可自愿辅修其他学科。除文科综合为录播课程外，其余均为直播。分科课程由教学平台负责课程内容设计及作业安排，每学科共开设7—11次课程不等。

学员主要通过课后作业打卡、简书等网络免费社群交流工具分享学习感受。这一社群化的学习模式进一步提高了教师的参与感，使教师们自发组成一个个非正式学习共同体，激活了教师内在成长动力，让教师在虚拟的社群空间找到共同成长的归属感。它带给偏远乡村特别是乡村青年教师一次全新的学习成长机会，实现了足不出户，免费共享优质资源的全新教育扶贫、扶智新模式。

1.2 青椒计划评估目的

截至2018年底，全国共有乡村教师290多万人，其中中小学近250万人，幼儿园42万多人，40岁以下的青年教师占58.3%[①]。教育部为促进教育公平，近年来也采取了诸多乡村教师项目，如特岗计划、国培计划、师范生免费教育、援藏援疆万名教师支教计划、乡村教师支持计划（2015—2020年）等，旨在帮助乡村教师提升待遇和能力素养，改善乡村教育质量。但由于历史、经济、社会发展不平衡等原因，"下不去、留不住、教不好"的现象依然存在。

与传统培训方式相比，青椒计划颠覆定时、定点、定人、定编模式，开创了一种全新的互联网教师培训模式，一方面将优质教育资源低成本地投放至边远地区，满足乡村教师的理论、知识和技能需求，一方面为乡村教师构建学习、分享、陪伴的社群。为了量化这一全新教师培训模式的实施效果，我们将进行统计学、经济学上的专业评估，为后期项目改进提供政策参考依据。

1.3 青椒计划评估内容

为了更加准确和全面地评估项目效果，我们从学员在青椒计划中的参与程度出发，从微观个体层面和宏观地区层面进行评估。微观层面我们主要评估学员参与青

[①] 数据来源：http://www.gov.cn/xinwen/2019-02/26/content_5368694.htm

椒计划后各方面的变化，包括工作感受与职业认同、教学技能、心理资本、网络社群效应四个方面。宏观地区层面主要分析青椒计划对贫困地区教育质量的影响。

本报告后续章节安排如下，第二章主要介绍数据采集过程及相应的评估方法；第三章对参与程度进行分析；第四章分析青椒计划网络社群效应；第五章主要研究青椒计划与教师工作感受和职业认同；第六章主要是青椒计划与教师教学技能；第七章为青椒计划与教师心理状态；第八章为青椒计划与贫困地区教育质量；最后为结论与政策建议。

* 注：原报告篇幅较长，本书中仅摘取第一二章和第九章内容。

第二章 数据采集及评估方法

2.1 数据采集过程

（1）数据采集方式

数据采集使用后台大数据与调查问卷相结合的方式，后台数据源于沪江互加计划系统统计的所有报名参与青椒计划教师的参与程度；问卷数据是教师个人填写的调查问卷数据。其中，调查问卷采用在线测评的形式，通过问卷星企业版创建，在培训直播课以及社群学习群中向所有教师发布问卷专属二维码和问卷链接，教师可通过手机微信扫描二维码或者点击网址链接进行问卷填写，支持分次填写和暂存等功能。

（2）问卷情况介绍

本次共有两次问卷测试。第一轮为中测（2020年1月），即教师参与青椒计划中期时的基本情况及表现，在项目上学期课程结束后进行；第二轮为后测（2020年6月），是教师参加完整的青椒计划培训后再次进行的成长测评，在项目即将结束的一周内展开。经过中期及后期两轮测评，实现对本人回答内容的跨时间可比。此外，由于问卷的测试时间较长，为了提高数据收集的集中性和准确性，我们在后测时将部分教师填写的完整的问卷分成两部分分别进行测试，每次测试时间不超过20分钟。

为了形成可比数据，我们设计的中测问卷和后测问卷十分相似。两轮测试的问卷大部分的内容相同，只是在后测问卷中删除了一些重复、无效的问题。本次调查问卷的设计参考国际国内各微观数据库各大模块和2018届青椒计划的调查问卷，结合评估模板，将其分为三部分，即个人信息、参与青椒计划的相关情况、青椒计划实施效果与影响。个人信息模块包含个人基本信息、工作现状相关信息，耗时约15分钟。参与青椒计划的相关情况模块比较简单，主要包括教师的参与青椒计划的基本情况。耗时约5分钟。青椒计划实施效果与影响模块主要包括教师工作现状与职业认同、对教师培训活动的看法与建议、社群学习、教师心理、教学能力、导师团队专业度与认可度、课程内容的评价七大部分，耗时约20分钟。全套问卷测试耗时约40分钟。

2.2 评估方法

本次对青椒计划的评估主要采用描述性统计分析。描述性统计分析主要是一种相关分析，并不揭示因果关系。它通过对不同特征或数据间的关系进行分析，发现青椒计划评估中各部分的关键影响及驱动因素。青椒计划的描述性统计分析包括不限于相关系数分析和差异分析。通过相关系数矩阵反映各变量之间关系密切程度、度量影响方向和具体大小。进一步分析参与程度与教师各方面能力的关系，反映出效果差异。这些描述性分析并没有对变量间的关系进行提炼和固化，形成模型，还不能对变量间的关系进行预测。

此外，我们也尽可能采用经济学的计量分析方法，即 DID。我们力求探讨各变量间的因果关系，但是由于数据的限制，模型存在一定的内生性。我们后续将根据实际情况再进行研究探索，尽可能解决内生性等问题。

第九章　结论与建议

9.1　结论

根据前面不同视角的数据分析，我们对第三届青椒计划的培训效果有了相对全面及深入的了解。本章将对相关结论进行总结，并对后续青椒计划的改进提出相关建议。

本评估得到以下主要结论。

第一，青椒计划教师的参与程度及对项目评价受个人具体情况的影响，但呈现出一定的规律性。

具体说来，（1）每周教学任务相对轻的教师，同时期只参加青椒计划而未参加其他培训的教师，听课和作业参与程度都更高；（2）参加青椒计划时网速快、流量费用承担能力强的教师，参与程度更高；（3）因个人职业发展需要而参加青椒计划的教师，相对其他人参与动机而言参与程度更高。因此，未来如果能考虑给青椒计划教师减负，考虑解决教师听课时的网速和流量问题，将在一定程度上提高教师的参与程度。

在项目评价方面，不同地区、性别、教龄、参与程度的教师，对项目效果整体评价和课程评价不同。其中，（1）东部地区教师对项目整体评价高于中部地区，中部地区的教师评价高于西部地区；（2）教龄2年及以上教师对项目整体评价略高于教龄1年及以下教师；（3）参与程度高的教师，对项目评价更高。

第二，基于对好友社群、直播课程社群、小打卡社群和简书社群四大类社群衡量指标的分析与分组对比，我们发现网络社群交流活跃程度高的学员更可能对青椒计划给予正面评价，更可能认为青椒计划优于其他培训项目，并且更加积极地、深度地参与到课程培训中去，获得更多的积分。

因此，提升网络社群交流活跃程度将有助于教师从青椒计划培训得到更大收益，从而提升培训效果。

第三，参与青椒计划程度高的教师在工作满意度和职业认同上的表现较其他教师更积极，且青椒计划对参与动机更积极的教师工作满意度的提升效果更明显。此外，青椒计划所营造的网络社群效应对缓解教师工作压力，提高教学工作满意度和职业认同有积极作用，网络社群交流更活跃的教师在各方面工作感受都表现出了更积极的态度。

第四，青椒计划培训对教师的授课技能有一定程度的提升，主要表现为参与程度高的学员授课技能明显好于低参与组。同时，上学期认真参与师德课、专业课，下学期认真参与分科课程的培训，则对授课能力的提升更大。教师是否主动参与青椒计划对其授课技能培训效果也有影响，主动参与的学员培训效果更明显。另外，在培训过程中，活跃的社群交流能显著提升教师的授课技能。

第五，青椒计划师德课和专业课（上学期）对教师工作韧性、教师工作自信的提升效果明显。参与程度高的教师工作韧性、教师工作自信都高于低参与组。随着时间推移，培训效果在教师工作自信、教师工作韧性维度上有所减弱，但在身份适应性维度上显著增加。加强社群交流有助于参与教师提升心理状态。同时参与其他培训项目的教师比仅参与青椒计划的教师在在生活适应性、身份适应性两个维度表现更好。

第六，贫困地区学校的资源环境比非贫困地区差。贫困地区的教师参与程度相比较低，且同时参加其他培训活动比例更高。贫困地区上课的网络因素对教师的参与影响较大，教师对网络费用存在一定的压力。贫困地区教师通过培训在生活适应性方面提升相对较大。贫困地区教师参与"青椒"社群交流相对更活跃。

9.2 建议

根据评估结果,我们对未来青椒计划进一步提高提出以下具体建议。

第一,改进课程结构,平衡专业、师德、分科课程比重。通过报告正文分析,上学期的专业与师德课和下学期的分科课对于不同教师群体的效果有一定差异,将近一半的教师认为分科课程和专业课帮助最大,仅有13%的教师认为师德课帮助最大。因此可以适当调整培训中三门课程的安排与时间分布,适当增加专业课和分科课的比重,做好不同课程之间的平衡,帮助教师在为期一年的培训期间获得最大程度的提升。

第二,为教师提供更多专业的课程培训和优质的教学资源。调查数据表明绝大部分教师希望增加专业教学技巧课程,以及学生心理辅导课程。因此,可以适当增加对教师专业教学技巧的培训,为教师们提供更多优质的教学资源,同时帮助年轻教师尽快掌握学生心理辅导知识,尽快适应教学工作。

第三,相关课程的安排注重讲师教学经验。数据统计发现,影响教师参加课程的最重要的两个因素分别是对教学内容的兴趣和讲师的工作教学经验,而讲师是否来自名牌学校对学员参与课程的影响很小。因此在课程的选择与安排上,需要以课程内容和讲师教学经验为主要考虑指标,为学员提供更有效的培训,吸引学员主动参与。

第四,营造良好社群氛围,促进学员间交流互动。目前培训主要以授课的形式进行,学员与讲师的互动主要集中在直播课期间,学员之间缺乏互动交流。通过报告分析,良好的社群氛围可以提升培训效果。此外,绝大部分的参与教师也认为增加学员之间的互动可以提高培训效果。因此,针对教师们的需求,未来可以进一步丰富培训开展模式,增加学员之间的互动交流途径。

第五,改进积分规则,全面衡量学员参与程度,并进一步鼓励参与。现在采用的积分规则仍存在一些问题,不能全面地反映教师参与培训的程度,针对这一情况列出以下五点建议用于参考:

1. 增加教师获得"优秀作业"荣誉的单次积分;
2. 增加教师获得"优秀学员"荣誉的积分,且累计计算教师获得月度优秀的积分;
3. 增加教师获得"优秀文章"荣誉的积分;
4. 将师德课、专业课、分科课设置成同样的积分规则,即观看专业课和分科课回放超过 30 分钟也给予加分；

5.上调分科课程每周积分上限为 3 节课，且限制教师选择的主辅修课程以提高课程的效果。

第六，完善学员主动参与青椒计划激励机制，增加自主参与。报告分析显示，青椒计划对出于自身需求和发展需要而参加的教师的效果更明显，对于应付学校和上级考核要求报名参与的教师效果较小。因此，为了激励教师参与项目，增加培训效果，可以建立激励学员自主参与机制，为主动报名参与的教师提供便利。

第七，加强区县管理员管理，完善管理员监督机制。由于青椒计划的大部分项目通知都通过区县管理员完成，因此区县管理员会直接影响项目的实施程度和项目效果。未来项目可以进一步建立对管理员工作的激励制度，加强管理。

第八，建立数据平台，加强数据管理。加强对教师个人信息和后台数据的收集及管理工作，完善教师参与青椒计划培训程度的各项数据的搜集、归总，完善相应数据库的建设和管理。同时，加强数据平台的管理与运作，及时提供准确的数据，以利于实时了解项目实行进展，保证后期评估的全面性、科学性及客观性。

附录

附录1 青椒计划三届覆盖县域名单

省份	区县
云南	保山市隆阳区、广南县、泸水市、文山州富宁县、文山市、昆明市宜良县、昭通市镇雄县、普洱市墨江哈尼族自治县、曲靖市会泽县、曲靖市宣威市、曲靖市富源县、曲靖市、梁河县、宾川县、陇川县、瑞丽市、盈江县、芒市
甘肃	东乡县、礼县、临夏县、积石山县、陇西县、金塔县、临夏市、瓜州县、临洮县、永靖县、会宁县、康乐县、和政县、广河县、天祝县、白银市平川区、渭源县、静宁县、李家堡、肃南县、宕昌县
吉林	梨树、安图县、白山市江源区、通化县、延吉市、白山市浑江区、通榆县、敦化市、长白县、吉林市龙潭区、汪清县、靖宇县、龙井市、珲春市、通化市东昌区、舒兰市、乾安县、梅河口市、吉林市船营区、前郭县、辉南县、四平市伊通县、松原市宁江区、双辽市、扶余市、长春市九台区、四平市梨树县、松原市油区、农安县、公主岭市、长岭县、净月高新区、吉林市丰满区、大安市、长春市南关区、吉林市永吉县、镇赉县、长春市双阳区、和龙市、临江市、长春市宽城区、图们市、抚松县、德惠市、经济技术开发区、榆树市、长白山
黑龙江	青冈县、拜泉县、勃利县、桃山区、嘉荫县、铁力市、佳木斯市、双鸭山市、五常县、依兰县、宾县、尚志县、巴彦县、延寿县、方正县、木兰县、通河县、大兴安岭地区、大庆市、林甸县、肇州县、牡丹江市、海林市、兰西县、绥化市北林区、安达市、庆安县、明水县、望奎县、海伦市、绥棱县、肇东市、密山市、虎林市、鸡东县、鹤岗市、黑河市、依安县、克东县、克山县、富拉尔基县、富裕县、齐齐哈尔市昂昂溪区、齐齐哈尔市梅里斯达斡尔族区、泰来县、甘南县、齐齐哈尔市碾子山区、讷河市、齐齐哈尔市铁锋区、龙江县
贵州	三都县、平塘县、惠水县、正安县、独山县、瓮安县、福泉县、罗甸县、荔波县、贵定县、都匀县、长顺县、雷山县、龙里县、赫章县、修文县、清镇市

续表

省份	区县
广西	德保县、全州县、柳城县、梧州市万秀区、资源县、蒙山县、都安县、藤县、梧州市长洲区、龙圩县
河南	项城、义马市、卢氏县、渑池县、三门峡市陕州区、三门峡市湖滨区、经济开发区、灵宝市、濮阳县、登封市
河北	张家口市万全区、博野县、滦平县、唐山市开平区、大名县、清河县、青龙县、康保县、南和县
四川	喜德县、九寨沟县、凉山州、布拖县、雅安市、盐边县、翠屏、甘洛县、兴文县
江西	莲花县、于都县、宁都县、寻乌县、弋阳县、宁都县、石城县
湖南	宁乡市、新化县、洞口县、平江县、沅陵县、溆浦县、张家口市雨花区
内蒙古	兴和县、托克托县、林西县、土左旗、和林格尔县、武川县、清水河县
青海	治多县、称多县、玉树市、囊谦县、曲麻莱县、杂多县
山东	临朐县、临沂市沂南县、乳山市、莒县、莘县
福建	漳浦县、长汀县
新疆	和田市、麦盖提县
重庆	彭水县、巫溪县
宁夏	灵武市、银川市
山西	天镇县、广灵县、大同市新荣区
江苏	南京市栖霞区
安徽	临泉县
湖北	竹溪县
陕西	佛坪县

附录2 青椒计划三届课程安排情况

第一届青椒计划

2017年9月至2018年6月，专业课程30讲，授课老师29位。

课程名称	讲师	课程名称	讲师
好学好用的教育原理	丁道勇	班主任的那些事儿	郑益民
乡村青年教师的教育自信养成	朱旭东	真幸福与中国教育之改造	檀传宝
走近儿童，认识差异	钱志亮	教师的自我认识和生命关怀	张华军
教师口语传播策略	张洁	苏霍姆林斯基的教育思想	肖甦
儿童品德形成的规律	班建武	挑战惰性知识	曾琦
聊聊板书那些事	闻琪	绘本阅读促进学生全面发展	姚颖
做新时代教师，为新征程育人	高靓	互联网时代的认知与学习	余胜泉
教师法律应知应会	余雅风	复杂对话与学生成长	高益民
儿童的特殊需要与全纳教育	王雁	换个角度看课堂	王文蓉
藏在作业里的学问	齐晓菊 张秀荣	好老师和好学生是折腾出来的	卢立涛
了解规律，有效教学	陈英和	诵读的力量	李文华
我国留守儿童现状与教育	郑新蓉	让"深度学习"真实发生的课堂	贾素艳
西方教育家的故事	王晨	学习共同体课堂建构	于莉莉
从《音乐之声》谈什么是教育	石中英	让学习发生在每位学生身上	李磊

2017年9月至2018年6月，师德课程32讲，授课老师21位。

课程名称	讲师	课程名称	讲师
从学生到教师,身份的转变	王菲	让孩子成为你期待的样子	唐薇
农村小规模学校现状及发展	赵宏智	超越环境,主动成长	荆攀
我们需要什么样的农村教育	杨东平	当一名有魅力的乡村老师	周灵
创造分层高效学生着迷的课堂	金政国	整合社会资源,助力专业成长	张婧
"互联网+"带给乡村教育的新机遇	伏彩瑞	脱贫攻坚攻什么?怎么攻?	汤敏
打造让孩子喜欢的高效课堂	侯文锁	从春晚中的物理说起	张虎岗
"互联网+"时代应该如何学习	唐晓勇	面对未来,我们怎么办?	汤敏
维珍的新家——阅读的力量	时朝莉	透过春晚学地理	孙月飞
揭秘"凉水井"	龙云君 吴舸	乡村教师迈向未来教育的途径	项阳
期末家长会如何举办更生动	吴虹	你终将成为自己喜欢的模样	顾倩
重建心灵家园	韦志忠		

2018年4月至5月,分科累计课程144讲,学科18种,授课老师108位。

	课程名称	讲师		课程名称	讲师
统整项目课程	职业体验,多彩梦想	聂余香	中学语文课程	好习惯,造未来	陈萍
	职业与时间	吴薇		给孩子最好的"礼物"	史金霞
	商业生活中的人民币	欧子钰		语文教师的阅读与成长	牛宇
	我是小医生	刘桂琦		遇见·光	时朝莉
	制作邀请函	陈美君		乐学汉字	秦蕊
	未来的自己	沈博宇		一气呵成,妙笔生花	高睿
	多元智能统整课程	张双	中学数学课程	数学教学源于兴趣	李晓
	制作叶脉书签	刘桂琦 钟文妙		还乡村孩子数学学习的公平	唐芳林
	时间的故事	陈晓粧		数学也需要会阅读	张森林

续表

	课程名称	讲师		课程名称	讲师
统整项目课程	叶子王国	黄芳 梁黄冰	中学数学课程	数学课堂的"精准扶贫"	何正杰
	新田家四季歌	罗作春		一堂完整的数学课流程	邓梅
	最佳人选	伍嘉敏 唐波		数学观摩课及过程解读	何正杰
统整项目课程	多元智能、个性发展	张双	中学英语课程	如何上好英语预习课	彭嵩
	绿色STEM：一棵树的价值	陈佳丽		我是如何掉进坑里的	李建秋 尹文生 吴明 赵琼琼 何永超 张凤敏
	木工	付蕾 曾子君 张泽良		英语教师的自我修炼	张嵩
	一百层房子	李志凯		我的英语教学策略	吴明
	制作日历	张海燕 郑诗莹 陈佳丽		如何让英语走进生活	杨儒秀
	树枝的舞会	张楷沅		我的英语教师成长之路	王建梅
	我的主题树	许杰莉 林曼		怎样做好预习	吴舸
村小教师成长计划课程	用网络素养提高生活品质	黄秀峰	中学文科课程	年轻老师如何华丽转身	陈秋霞
	乡村儿童的阅读与思考	庞建杰		如何检测提升教学效能	何本香
	打造让学生着迷的数学课堂	刘嘉硕		课堂的四种武器	邓敏

续表

	课程名称	讲师		课程名称	讲师
	数学视频在数学课堂中的应用	韩璇	中学文科课程	利用网络进行拓展学习	全组教师
	如何看待支教？——村小的人力资源优化	张晓玲		中学文科优秀学员分享会	金红敏 谢志雄 周金莲 吴桂芳 沈莉红
村小教师成长计划课程	老师不够用？——村小的人力资源优化	蒋莉	中学理科课程	如何成为新时代的物理老师	施良君
	简明生本课堂策略导读	李茂		生物拓展	徐蒂
幼儿教师成长课程	儿童综合素质培养研究	陈沛嘉		初升高衔接	瞿犹波
	大熊园长和他的幼儿园	大熊老师		化学融合	李慧
	我是小鞋匠	刘雨璇		提高物理教学有效性之我见	王永清
	小风筝与小白云	刘雨璇		物理示范课	龙云君
	我是好宝贝	刘雨璇	好玩的数学课程	神奇的七巧板	王艳着
	阿细跳月	刘雨璇		燕子，你还记得吗？	雷书红
	来种树	刘雨璇		哎呀！墙上有个洞	李婷
泡椒科学课程	我们周围的物体	徐春建		乱七八糟的魔女之城	张红红
	动物-单元教材分析	谢小立		烦人的排排队	李倩
	植物-单元教材分析	杨春晖		很特别的音乐故事	雷书红
	植物-单元教材分析	阮翔		美丽的对称	雷书红
	美丽的科学	王丁俐	创意写作课程	低段-童诗创编-我爱我的家	李茜

续表

	课程名称	讲师		课程名称	讲师
泡椒科学课程	美丽的校园	杜婷婷	创意写作课程	创意写作-想象	王钢
	定格动画	丁一		田野里的童话	李茜
辣椒艺术课程	山里红的艺术教室	王晓野		低段-童诗创编-童年	李茜
	鞋手共进	王晓野		创意写作-观点	王钢
	审美能力是未来的核心竞争力	周炅		创意写作-变	王钢
	戏剧在青少年教育中的作用	陈利	创意写作课程	低段-童诗创编-遇见夏天	李茜
	戏剧在青少年教育中的实践	杨悦	三四年级整本书共读课程	丑小鸭-我有剧本你来演	时朝莉
	艺术素养决定精神的高度	商姬娅		《夏洛的网》导读课	许小兰
德育心理课程	体验式德德育教育的魅力	笃闻鸣		《夏洛的网》导读课	许小兰
	七年级入学新生第一次家长会	吴敏		《夏洛的网》导读课	许小兰
	化整为零分工协作	刘炎		《夏洛的网》导读课	许小兰
	班级管理中的"精准扶贫"	李静		《夏洛的网》导读课	许小兰
	525我爱我生命中的这一天	罗京宁	五六年级整本书共读课程	《德国一群老鼠的童话》——阅读的力量	许小兰
	爱的五月益起走	吴虹		《德国一群老鼠的童话》拓展课——你的精彩,演出来	许小兰
	我爱我·气球宝贝	江姝		《风之王》导读课——风之王	吴小健

续表

	课程名称	讲师		课程名称	讲师
绘本阅读课程	《一园青菜成了精》	周兰	五六年级整本书共读课程	《风之王》推进课——看，那匹小马	吴小健
	《和甘伯伯去游河》	周兰		《风之王》推进课——女王的奖杯	许小兰
	《一只有教养的狼》	周兰		《风之王》探讨课——对岁月许下一个郑重的承诺	时朝莉
	《笨拙的螃蟹》	周兰			
	《咕噜牛》	周兰			
	《幸运的内德》	周兰			

第二届青椒计划课程表

2018年9月至2019年1月，全国课程15讲，授课老师13位。

课程名称	讲师
新时代我国农村教师流动中所面临的机遇与挑战	廖伟
理想的乡村学校与卓越的乡村教师	桑国元
6—15岁儿童心理特点与适宜教育	边玉芳
乡村教师的自我认识和生命关怀	吴国珍
积极心理与美好教师生活	吴洪健
乡村学校的教室文化	朱旭东
青椒计划的成长路径	吴虹
关注心灵成长	吴虹
微认证——引领工作场所的学习与实践	魏非
未来学校已来	祝智庭

续表

课程名称	讲师
数学王国里的写作女王	王艳着
核心素养视点下的学生教育与发展	李宝敏
做一个专业的阅读者	郑桂华
中小学数学课例研究与教师专业发展	汪晓勤

2018年9月10至2019年1月，南疆课程13讲，授课老师11位。

课程名称	讲师
我的网络援疆故事	时朝莉
乡村教师的成长之旅	王菲
积极心理与美好教师生活	吴洪健
乡村学校的教室文化	朱旭东
青椒计划的成长路径	吴虹
给远方的一封信	吴虹
平凡中的美丽绽放	任明杰
未来学校已来	祝智庭
如何让你的PPT更精彩	张燕君
如何写好板书	闻琦
做一个专业的阅读者	郑桂华
中小学数学课例研究与教师专业发展	汪晓勤

2019年4月至5月，分科课程60讲，授课老师49位。

	课程名称	讲师		课程名称	讲师
语文	乡村学生的语文教学切入点在哪里	窦继红	洋葱数学	打造让学生着迷的小学数学课堂	曹锋涛
	鱼跃此时海，花开彼岸天——浅议小学语文教学目标的制定	周丽		洋葱数学视频在课堂上的使用	刘嘉硕
	方块字中安身立命——如何设计一节最好的语文课	高丽霞		如何利用洋葱数学视频片段进行查漏补缺?	崔琳杰
	语文课堂的活动及评价设计——以人教版六年级下册为例	邓玉琳		如何利用洋葱数学在机房进行查缺补漏?	朱安强
数学	创造分层高效学生着迷的幸福课堂	金政国		如何结合洋葱数学上好一节几何专题课	刘羽
	数学，读你千遍也不厌倦	雷书红		如何培养学生的自学能力	韩璇
	深圳南山区N师团队分享	彭大春 许车权 袁朝川	艺术	我教乡村娃娃唱歌谣	叶子老师
	关注课标，整体把握，以生为本，激励自主	李秋菊		认识芭蕾舞	李佳昕
理综	理科教学可以如此浪漫	闫芳		走进中国民族民间舞（上）	李佳昕

第三届青椒计划

2019年9月至12月，专业课程15讲，授课老师14位。

课程名称	讲师
乡村青年教师的教育自信养成	朱旭东
用积极视角去影响学生	吴洪健
绘本阅读促进学生全面发展	姚颖

续表

课程名称	讲师
教师法律应知应会	余雅风
深度学习真实发生的课堂	贾素艳
如何进行专业阅读	廖伟
班主任的那些事	许爱华
了解儿童，有效教学	王新波
如何更有教师范	李爱华
让学习发生在每一位学生身上	李磊
聊聊板书那些事	谢静
乡村初职教师专业成长路径	张艳平
儿童品德发展规律	班建武
做教育扶贫的先行者	任友群

2019年9月至12月，师德课程17讲，授课老师11位。

课程名称	讲师
未来学校十大场景	张治
极简技术促进教师发展	黎加厚
微信小程序的创新应用案例	何其钢
从学生到老师，身份的转变	王菲
我们需要什么样的乡村教育	杨东平
新教师如何备课	吴虹
教学资源的合理选择与有效使用	何其钢
新教师课堂教学的建议	王菲
新教师班级管理必修课	罗京宁
如何面对少年的你	吴虹

续表

课程名称	讲师
我的孩子被欺凌,最大的伤害竟然来自我	沈旭
如何让孩子爱上学习	吴虹
我在雪域高原当老师	杨彩霞
走过这一年如何为期末做准备	吴虹
不忘初心,崇教爱生	卢立涛
面对未来,教育该怎么办	汤敏
生命历程中的乡村教师	郑新蓉、胡艳

2019年9月至12月,分科课程156讲,授课老师58位。

(注:文综课程为情系远山基金会提供的录播课程,课程不在青椒计划平台,没有列出)

小学语文		
课程	主题	讲师
第一讲	如何上好部编本时代的小语课	宋一名
第二讲	如何上好古诗文课	陈小燕
第三讲	如何上好寓言课	陈小燕
第四讲	如何提升学生注意力	宋一名
第五讲	如何上好整书导读课	陈小燕
第六讲	如何上好阅读课	陈小燕
第七讲	如何表扬孩子才合适	宋一名
第八讲	如何上好作文课	陈小燕
第九讲	如何让学生学会构思作文	宋一名

小学数学		
课程	主题	讲师
第一讲	如何利用技术资源，有效促进教学	海明阔
第二讲	融合信息技术的教学环节之课堂导入	海明阔
第三讲	融合信息技术的教学环节之课堂讲授	海明阔
第四讲	如何提高课堂小结的实效性	海明阔
第五讲	融合微课的"数与代数"教学——数的认识及运算：小数	海明阔
第六讲	融合微课的图形与几何教学——图形的认识	海明阔
第七讲	融合微课的"数与代数"教学——数的认识及运算：分数	海明阔
第八讲	融合微课的"数与代数"教学——"估算"意识	张发营
第九讲	融合微课的图形与几何教学——"度量"意识	张发营
第十讲	融合微课的概率与统计教学	张发营

小学英语		
课程	主题	讲师
第一讲	一节优质英语课是如何产生的	李菁菁
第二讲	自然拼读——带学生英语入门1	李銮
第三讲	自然拼读——带学生英语入门2	李銮
第四讲	这样的英语课学生爱听（课堂管理）	梁礼明
第五讲	课件设计如何标准化	宿宇辰
第六讲	单词授课技巧	梁礼明
第七讲	语法授课技巧	梁礼明

中学语文		
课程	主题	讲师
第一讲	如何开展中小学语文衔接教学	郭琳

续表

中学语文		
课程	主题	讲师
第二讲	新课标背景下的语文教师角色定位	郭琳
第三讲	把握文章脉络：散文阅读教学的核心流程	郭琳
第四讲	开展古诗词鉴赏	郭琳
第五讲	综合性学习教学实践策略	郭琳
第六讲	如何给文言文教学注入趣味性	郭琳
第七讲	做好课堂问题设计	郭琳
第八讲	如何进行有效的作文教学	郭琳
第九讲	整本书阅读的教学策略	郭琳

中学数学		
课程	主题	讲师
第一讲	如何利用技术资源，有效促进教学	崔琳杰
第二讲	如何利用信息技术助力中考复习	刘羽
第三讲	融合微课的教学环节之课堂导入	崔琳杰
第四讲	融合微课的教学方法指导之"二元一次方程组"	王玉起
第五讲	融合微课的教学环节之课堂讲授	许磊
第六讲	如何提高课堂小结的实效性	崔琳杰
第七讲	融合微课的教学方法指导之"数据的收集、整理与描述"	马宁
第八讲	融合微课的教学策略	许磊
第九讲	案例分享之如何利用"洋葱学院"助力打造高效课堂	张丽莉
第十讲	学会 Geogebra，用交互课件让课堂更生动	朱安强

中学英语		
课程	主题	讲师
第一讲	英语教学法流派简介	武拥喜
第二讲	英语高效课堂的教学设计	武拥喜
第三讲	初中英语词汇教学	武拥喜
第四讲	初中英语增量阅读	武拥喜
第五讲	中考备考方略	武拥喜
第六讲	别只向45分钟的课堂教学要效率	苗运学
第七讲	怎样利用动漫微课开展语法教学	苗运学
第八讲	一节优质英语听说课的教学设计	郭海燕

体育		
课程	主题	讲师
第一讲	运动促进大脑健康发展的理论与实践	侯莉娟
第二讲	正面管教在体育教学中的运用	张亚红
第三讲	从"如何打乒乓球"到"如何"打乒乓球	于永超
第四讲	体育游戏灵活运用与体育课堂视野拓展	周晨光
第五讲	克服困难创造性地开展体育活动	周晨光
第六讲	中小学校园篮球教学指导	何志忠
第七讲	特色课间操创编——快三舞太极推手	肖兵
第八讲	中小学校园足球教学指导	刘冰云
第九讲	青少年不良姿态预防与评估	赵永金

幼儿教育		
课程	主题	讲师
第一讲	良好习惯培养之"行为惯例表"育人模式	朱洪秋

续表

幼儿教育		
课程	主题	讲师
第二讲	幼小科学衔接的内涵和实践探究	赵映明
第三讲	幼小科学衔接能力培养	郭雅馨
第四讲	幼小科学衔接习惯培养	郭雅馨
第五讲	幼小科学衔接入学准备	郭雅馨
第六讲	利用本土资源设计高质量幼儿园教育活动	郭雅馨
第七讲	中国传统文化在幼儿园活动设计中的应用	郭雅馨
第八讲	如何在乡村幼儿园进行PBL游戏活动实践	郭雅馨
第九讲	各年龄段PBL游戏活动组织与实施	郭雅馨

艺术课程		
课程	主题	讲师
第一讲	美术教育的"前世今生"	商姬娅
第二讲	音乐教育的"知与行"	张时慈
第三讲	视觉艺术教学方法	商姬娅
第四讲	乐曲伴奏中的基本和弦变换	张时慈
第五讲	基本色彩认知——冷色运用帝企鹅	商姬娅
第六讲	让音乐课堂丰满起来——综合艺术元素在音乐学科中的应用	张时慈
第七讲	基本色彩认知——暖色运用春华秋实	商姬娅
第八讲	肢体律动在中小学音乐课堂中的应用	张时慈
第九讲	基本色彩认知——冰激凌的设计感	商姬娅

心理健康		
课程	主题	讲师
第一讲	中小学学生心理发展特点	王滔
第二讲	心理课/班会课设计与实施	黑远智
第三讲	心理经典理论在现实中的应用	黑远智
第四讲	情绪管理与疏导	慈建芳
第五讲	心理视角下的行为管理	耿日美
第六讲	人际关系指导与教育	裴盈
第七讲	学习心理辅导	孙贺
第八讲	教师职业发展与职业幸福感	郑植
第九讲	教师心理自我关爱	慈建芳

理科综合		
课程	主题	讲师
第一讲	通过物理学习培养数理逻辑	耿亚东
第二讲	如何帮助孩子建立正确的力与运动世界观	耿亚东
第三讲	如何帮助孩子学习浮力压强重难点	耿亚东
第四讲	如何上好电学新课	耿亚东
第五讲	初中化学引论部分教学注意事项	李健冬
第六讲	初中化学元素与化合物教学要点	李健冬
第七讲	初中化学酸碱盐等重难点教学纲要	李健冬
第八讲	如何快速答题	李业琪
第九讲	初中生物——实验与填空	李业琪

科学课程		
课程	主题	讲师
第一讲	科学教什么？什么是科学教育	彭香
第二讲	科学课教学基本技能	彭香
第三讲	学生不会观察怎么办？	马冠中
第四讲	像科学家一样提问	马冠中
第五讲	做出假设——学生提不出假设怎么办？	马冠中
第六讲	实验设计的教学策略与方法	彭香
第七讲	科学论证的教学策略与方法	彭香
第八讲	STEAM课程和PBL教学	马冠中

附录 3　青椒计划 2017—2020 年大事记

乡村青年教师社会支持公益计划 2017—2020 年大事记

2017 年

- 2017 年 6 月 28 日，国务院参事、友成基金会副理事长汤敏老师召集公益组织、学术机构、爱心企业 30 余人齐聚教育部，召开关于乡村青年教师互联网+陪伴式培训研讨会。
- 2017 年 7 月 28 日，在友成基金会召开参与机构会谈战略会。确定项目（新）教师培训、课程资源、师徒制、评估、心理（其他）、传播和筹资六个维度及执行策略。
- 2017 年 7 月 31 日，在北师大教育学部召开专业课程模块确定会，专业课程培训体系正式确立。
- 2017 年 8 月，乡村青年教师社会支持公益计划正式确定简称为青椒计划。
- 2017 年 8 月 15 日，召开青椒计划骨干小组线上研讨会。友成基金会、北师大、沪江核心三方以及青椒计划主要参与单位商讨确定各单位职能分工。
- 2017 年 8 月 28 日，青椒计划实施方案线上解读交流会。友成基金会、北师大、沪江核心三方以及青椒计划参与单位就青椒计划实施的方案进行深度商议交流，确定最终版实施方案。
- 2017 年 9 月 9 日，青椒计划启动仪式在北师大曾宪梓教学楼 103 室举行。
- 2017 年 10 月 30—31 日，青椒计划核心小组团队赴三门峡参加现场会。通过实地走访马耳岩小学和窑坡小学，了解青椒计划推动情况以及与学员面对面交流等方式，调研青年教师真正需求。
- 2017 年 11 月 3 日，召开和田地区加入青椒计划线上研讨会。国务院参事汤敏及和田地区区域负责人、部分学校校长、老师就和田地区如何加入青椒计划进行了深度研讨。
- 2017 年 11 月 14 日，青椒计划发起人汤敏参事与郑新蓉教授陪同国务院参事室专家前往四川省凉山州悬崖村学校走访调研，开启村小"青椒"直播课程。

- 2017 年 11 月 29 日，汤敏老师在 GES 大会上发表了题为"未来，如何让教育更公平"的演讲。

2018 年

- 2018 年 1 月 6 日，青椒计划项目秘书处负责人苗青受邀在杭州举办的"第五届中国教育公益双年会"上做题为"在行动中反思：'青椒'长成记"的分享。
- 2018 年 1 月 20 日，汤敏参事在北京举办的"2017 中国慈善年会"上介绍青椒计划。
- 2018 年 3 月 15 日，青椒计划秘书处走访吉林省吉林市龙潭区，并与地方"青椒"学员举行见面会。
- 2018 年 3 月 25 日，青椒计划秘书处走访内蒙古呼和浩特市土左旗，并与"青椒"学员举行见面会。
- 2018 年 4 月 18 日，由凯迪拉克支持，专门用于鼓励青椒计划优秀学员成长的小狮子计划在上海教博会正式启动。
- 2018 年 5 月 22 日，青椒计划秘书处走访新疆和田。"国语双师课堂"在和田启动。
- 2018 年 6 月 20 日，青椒计划秘书处走进甘肃临夏州调研，为三区三州加入青椒计划拉开序幕。
- 2018 年 6 月 24 日，青椒计划秘书处走进贵州雷山并召开现场"青椒"汇报会。
- 2018 年 7 月 15 日—7 月 21 日，百名优秀学员赴北京参与七天暑期研修营。研修营通过专业课程、体验参观等形式为青椒学员带来为期 5 天的培训。
- 2018 年 9 月 8 日，第二届青椒计划在北师大启动。
- 2018 年 11 月 25—27 日，青椒计划秘书处走访湖南沅陵，并与学员进行线下见面会。

2019 年

- 2019 年 3 月 22 日，青椒计划登上《民生周刊》两会特刊。
- 2019 年 4 月 9 日，青椒计划入选《2018 年中国互联网学习白皮书》。
- 2019 年 4 月 21 日，青椒计划亮相中国教育创新"20+"论坛年会。
- 2019 年 6 月 19 日，第二届青椒计划结业典礼在吉林龙潭举行。

- 2019 年 8 月，第二届青椒计划暑期研训营在南京举办。
- 2019 年 8 月，第一届青椒计划高端论坛在甘肃天水举办。
- 2019 年 9 月，第三届青椒计划在北师大启动。
- 2019 年 10 月 7 日，"青椒计划"商标正式注册成功。
- 2019 年 10 月 7 日，青椒计划被评为 2019 年度全国青年组织"伙伴计划"五星优秀项目。
- 2019 年 12 月 17 日，青椒计划秘书处赴河北张家口万全区走访，并与学员进行座谈。
- 2019 年 12 月 25 日，教育部教师工作司司长任友群为学员直播授课。

2020 年

- 2020 年 3 月—5 月，青椒计划进行 10 节防疫心理课程直播。
- 2020 年 5 月 9 日，教育部教师工作司司长任友群赴甘肃临夏调研，与"青椒"学员交流。
- 2020 年 8 月 5 日，教育部指示青椒计划主要服务群体聚集特岗教师，特岗青椒计划应运而生。
- 2020 年 8 月 23 日，第二届青椒计划高端论坛线上举办。
- 2020 年 9 月 17 日，青椒计划与华为云 WeLink、目睹直播签约，确定课程平台。
- 2020 年 10 月 14 日，教育部全面通知各省积极报名参与特岗青椒计划。
- 2020 年 10 月 28 日，特岗青椒计划在北师大正式启动。
- 2020 年 12 月 5 日，特岗青椒计划秘书处第一次线下走访至云南富宁县。
- 2020 年 12 月 19—20 日，特岗青椒计划秘书处走访广西德保县。
- 2020 年 12 月 22 日，友成与华为联合打造的宣传片《小青椒也有春天》上线。

附录4 乡村教育社会支持公益联合行动倡议书

乡村教育社会支持公益联合行动倡议书

作为乡村教育社会支持公益联合行动的发起人和成员，我们相信：当今的时代，是有史以来最具有创造力的时代，也是最具挑战的时代。无论你在城市，抑或乡村，我们都处在时代的教育变革浪潮中。

全球化浪潮和互联网技术为人类物质财富的创造提供了前所未有的便利条件，为民族团结和文化共荣提供了空前的可能。与此同时，教育公平成为时代的焦点话题，而教育资源分配不公正给世界带来了社会矛盾，甚至冲突、战争……当人类社会又一次处在技术变革带来的社会变化的前夕，在中国乃至全世界面临经济、社会与环境可持续发展的重大挑战的时刻，我们必须思考和回答：我们的教育要做的究竟是什么？乡村教育该往何处去？

人尽其才、才尽其用、公平永续、互助发展，是古今中外人们的共同追求。我们坚定地相信：教育均衡发展、优秀人才笃定坚守、优质资源得到充分有效利用，包括城乡在内的整个社会协同发展，是中国教育公平发展的共同价值追求。

乡村教育社会支持公益联合行动是推动整个中国乡村教育向更公平、更可持续、更有效率方向发展的统一行动。

乡村教育社会支持公益联合行动所有参与成员认为，我们正积极投身于这样一个伟大的、创新的、联合一致、共克时艰、披荆斩棘的实践。这是关注和参与乡村教育进步和发展的每一个人、每一个组织、每一个企业、每一支社会力量汇聚星火之光、成就燎原之势的共同行动。

为了乡村的教育，为了乡村的未来，我们倡议：更多的企业组织、社会组织乃至政府部门参与和关注乡村教育社会支持公益联合行动，为建设一个优质公平、永续发展、人人可为的乡村教育新生态而努力！

青椒计划秘书处
2020.08.23

附录 5　青椒计划项目影响力

所获荣誉

① 2018 新浪教育项目评选 15 强；

② 2018 年澎湃责任践行榜评选"年度扶贫项目"；

③ 2018 年"I WILL"中国专业志愿最佳实践项目案例；

④ 2018 年获得北京国际设计周服务设计提名奖；

⑤ 入选《2018 年中国互联网学习白皮书》；

⑥ 2019 年 10 月 17 日青椒计划被评选为 2019 年度全国青年社会组织"伙伴计划"五星优秀项目；

⑦ 2020 年入选全国教育扶贫典型案例。

鸣谢以下机构和企业对青椒计划的支持（排名不分先后）

友成企业家扶贫基金会

北京师范大学教育学部

沪江互加计划

三三得玖教育集团

湖南巨景投资有限公司

江湾科技公司

上汽集团凯迪拉克品牌

益教室

洋葱学院

北京情系远山公益基金会

慕华成志教育科技有限公司（爱学堂）

深圳天奇健教育科技有限公司

北京爱学习教育集团

京师佳禾（北京）教育科技有限公司

北京子与时教育咨询有限公司

冠军基金

加油！科学课

蒙牛集团

北京险峰公益基金会

一起科技

仁德基金会

松下电器

中国小微企业联盟协会

南京行知基地

北大国发院 EMBA 戈友会